가죽으로 시작하는
명품 만들기

Handmade leathercraft

핸드메이드
가죽공예

Foreign Copyright:
Joonwon Lee
Address: 10, Simhaksan-ro, Seopae-dong, Paju-si, Kyunggi-do,
          Korea
Telephone: 82-2-3142-4151
E-mail: jwlee@cyber.co.kr

가죽으로 시작하는 명품 만들기
핸드메이드 가죽공예

2013. 2. 15. 초 판 1쇄 발행	
2014. 3. 20. 초 판 2쇄 발행	저자와의
2016. 1. 12. 초 판 3쇄 발행	협의하에
2017. 2. 17. 초 판 4쇄 발행	검인생략
2018. 4. 25. 초 판 5쇄 발행	
2019. 7. 22. 초 판 6쇄 발행	

지은이 | 김진
펴낸이 | 이종춘
펴낸곳 | BM (주)도서출판 성안당

주소 | 04032 서울시 마포구 양화로 127 첨단빌딩 3층(출판기획 R&D 센터)
      10881 경기도 파주시 문발로 112 출판문화정보산업단지(제작 및 물류)
전화 | 02) 3142-0036
      031) 950-6300
팩스 | 031) 955-0510
등록 | 1973. 2. 1. 제406-2005-000046호
출판사 홈페이지 | www.cyber.co.kr
ISBN | 978-89-315-8242-0 (13630)
정가 | 25,000원

이 책을 만든 사람들
책임 | 최옥현
기획·진행 | 아홉번째서재
사진 | 김진, 아홉번째서재
본문·표지 디자인 | 아홉번째서재
홍보 | 김계향
국제부 | 이선민, 조혜란, 김혜숙
마케팅 | 구본철, 차정욱, 나진호, 이동후, 강호묵
제작 | 김유석

Copyright © 2019, by Kim Jin All rights reserved.
First edition printed in Korea.

이 책의 어느 부분도 저작권자나 BM (주)도서출판 성안당 발행인의 승인 문서 없이 일부 또는 전부를 사진 복사나 디스크 복사 및 기타 정보 재생 시스템을 비롯하여 현재 알려지거나 향후 발명될 어떤 전기적, 기계적 또는 다른 수단을 통해 복사하거나 재생하거나 이용할 수 없음.

■ 도서 A/S 안내

성안당에서 발행하는 모든 도서는 저자와 출판사, 그리고 독자가 함께 만들어 나갑니다.
좋은 책을 펴내기 위해 많은 노력을 기울이고 있습니다. 혹시라도 내용상의 오류나 오탈자 등이 발견되면 **"좋은 책은 나라의 보배"**로서 우리 모두가 함께 만들어 간다는 마음으로 연락주시기 바랍니다. 수정 보완하여 더 나은 책이 되도록 최선을 다하겠습니다.
성안당은 늘 독자 여러분들의 소중한 의견을 기다리고 있습니다. 좋은 의견을 보내주시는 분께는 성안당 쇼핑몰의 포인트(3,000포인트)를 적립해 드립니다.
잘못 만들어진 책이나 부록 등이 파손된 경우에는 교환해 드립니다.

머리말

가죽공예를 처음 접한 지 어느덧 10년이란 시간이 흘렀습니다.
가죽이란 매력에 빠져 정신없이 지나간 시간이었는데요, 그간 가죽공예를 하면서 재미와 즐거움을 많이 느꼈지만 알면 알수록 어렵고 힘들다는 생각이 듭니다.
가죽은 부드러움이나 힘의 강도, 좋고 나쁨은 다른 누가 설명한다고 정확히 알 수 있는 것이 아닌데요, 바로 자신이 느껴야 하기 때문에 어려움이 더합니다. 어느 브랜드의 상품에서 사용되었다고 하여 자신이 느꼈을 때 반드시 좋은 가죽일리도 없고 또, 저렴한 가죽이라고 하여 만족을 못하라는 법도 없습니다.

원단 중에서는 매우 고가이지만, 가죽공예를 하려면 다양한 가죽을 사용해보는 것이 가죽에 대해 공부할 수 있는 유일한 길입니다. 그렇게 함으로써 어떤 상황에 어떤 가죽을 사용하는 것이 가장 이상적인지를 본인이 알 수 있게 될 것입니다. 가죽의 무두질, 마감, 염색, 구조 등에 대한 설명이 조금이라도 도움이 되었으면 하는 바람입니다.
제가 좋아하는 식물성 탄닌 무두질 가죽, 일반적으로 말하는 통가죽이 이 책의 중점 내용입니다.

가죽공예가 주는 매력은 굉장히 많습니다.
자신이 만든다는 즐거움도 있지만 시중에서는 구할 수 없는 것을 자신이 원하는 대로 만들 수 있다는 점도 있습니다. 가죽공예의 분야는 굉장히 다양합니다. 이 책에 소개된 내용은 손바느질이 중점이지만 손바느질만 습득했다고 해서 좋은 작품을 만들 수는 없습니다. 재단, 피할, 접착, 마감 등 중요한 포인트와 방법을 구체적으로 알아야 하고 또한 좋은 작품을 만들기 위해서는 도구나 약품을 제대로 사용할 줄 아는 것이 매우 중요합니다. 그 도구들을 평상시에 잘 관리하는 것 역시 중요합니다. 제작에서는 초보자가 차례대로 제작해보면서 기술을 하나하나 배운 후 이런 기술들을 이용하여 본인만의 독특한 작품을 만들어 보시기 바랍니다.

본서를 보고 관심이 없던 분들도 손쉽게 따라 할 수 있고 가죽공예를 즐기는 많은 분들에게 조금이나마 도움이 되길 바랍니다.

contents

Part 1
가죽

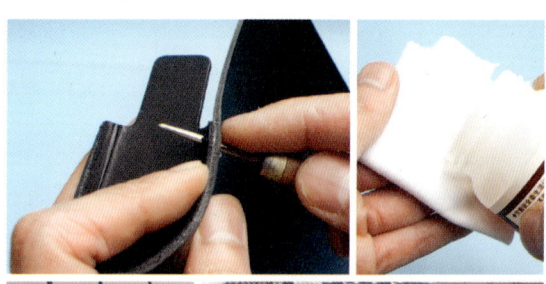

가죽 살펴보기

1 가죽 · · · 10
   1) 가죽의 특성 · · · 10
   2) 가죽의 구조 · · · 11
   3) 가죽의 기본 단위 · · · 11
   4) 가죽의 두께 · · · 12

2 가죽의 여러 가지 분류 방법 · · · 12
   1) 무두질(tannage, tanning) · · · 12
   2) 마감 방법 · · · 14
   3) 기모혁 · · · 16
   4) 모피 · · · 16
   5) 염색 · · · 17

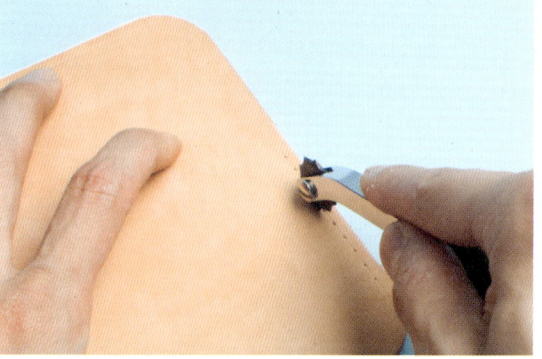

3 소가죽 · · · 17
   1) 소가죽의 연령에 따른 분류 · · · 17
   2) 부위별 명칭 · · · 18
   3) 부위별 특징 · · · 18
   4) 기타 가죽 · · · 19

4 가죽 구입 및 관리 · · · 20
   1) 가죽 구입 시 · · · 20
   2) 가죽의 관리 · · · 21
   3) 가죽 관리 용품 사용법 · · · 22

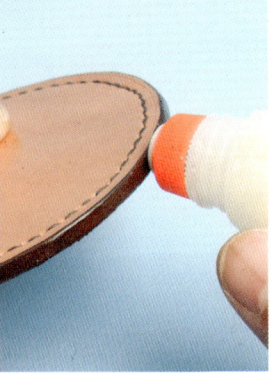

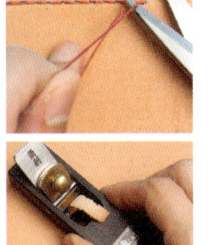

가죽의 공구 사용

27 ··· **1** 디자인 도안 및 제작
27 ··· 1) 디자인 도안 스케치하는 방법
29 ··· 2) 도안을 가죽에 옮기자

31 ··· **2** 가죽 재단
31 ··· 1) 가죽칼
34 ··· 2) 기타 재단용 공구

39 ··· **3** 바느질용 공구
39 ··· 1) 바느질 선 긋기
42 ··· 2) 바느질 구멍 뚫기
47 ··· 3) 기타 바느질용 공구
49 ··· 4) 실
50 ··· 5) 바느질용 왁스
55 ··· 6) 바느질
59 ··· 7) 바느질 마감 1
63 ··· 8) 바느질 마감 2
69 ··· 9) 바느질 이어서 하기 1
71 ··· 10) 바느질 이어서 하기 2

75 ··· **4** 마감용 도구

85 ··· **5** 접착용

93 ··· **6** 금속 장식 부착용

공구 관리

111 ··· **1** 가죽칼
111 ··· 1) 가죽칼의 구조
111 ··· 2) 가죽칼 날 가는 법

116 ··· **2** 가위

117 ··· **3** 오일스톤

Part 2
만들기

컵받침 · · · 122

마우스패드 · · · 123

카드케이스 · · · 128

통장케이스 · · · 129

명함지갑 · · · 134

팔찌1 · · · 142

팔찌2 · · · 148

열쇠케이스 · · · 152

와이어동전지갑 · · · 158

펜트레이 · · · 166

러기지택 · · · 172

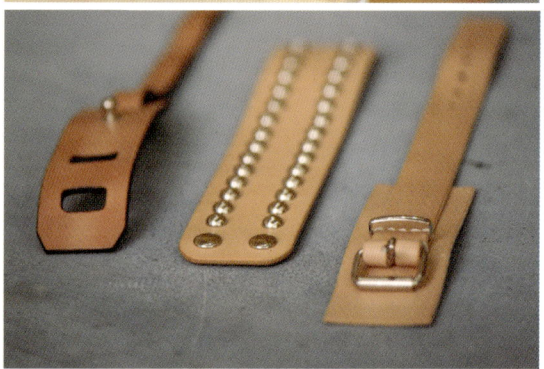

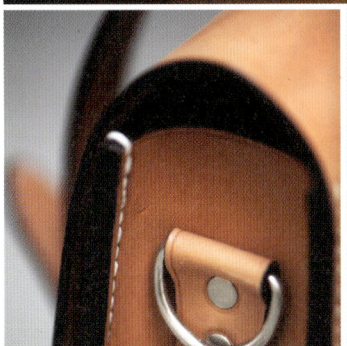
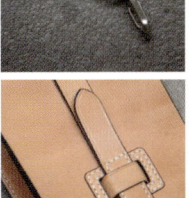

182··· **지퍼동전지갑**

188··· **펜케이스**

198··· **반지갑1**

212··· **반지갑2**

226··· **장지갑**

238··· **원통 펜꽂이**

248··· **다이어리**

258··· **가방**

Part 1

가죽

Hand sewing Leather Craft

가죽 살펴보기

가죽공예를 시작하기에 앞서 먼저 것이 가죽에 대해 알아야 합니다. 가죽에 대해 어느 정도 지식이 있어야 필요한 용도에 맞게 구입하거나 사용할 수 있습니다. 어려운 부분은 만들어가면서 이해하여도 되지만 처음 가죽공예를 시작한다면 반드시 알고 넘어가도록 하세요. 여기서는 먼저 가죽의 특성과 종류를 알아보고, 자신이 만들고 싶은 공예제품에 대해 어떤 가죽을 사용하여 만드는지에 대해 알아보겠습니다.

1 가죽

가죽이 만들어지는 과정을 살펴보면, 흔히 우리가 사용하거나 입는 옷, 또는 가방 등의 가죽들은 다양한 가공에 의해 만들어집니다. 대부분 가죽은 가축 등의 육류를 섭취하고 남은 피부의 지방, 이물질 등을 제거한 후, 무두질(Tanning)과 기타 후가공을 통해 우리가 사용하는 유연하고 내구성 좋은 가죽이 만들어집니다.

1) 가죽의 특성

가죽은 사용 용도에 따라 다양하게 쓰이는데, 그 장단점에 맞추어 제품을 만드는 게 좋습니다. 그렇다면 가죽의 장점과 단점을 살펴보겠습니다.

가죽의 장점	가죽의 단점
기온의 영향이 적고 우수한 보온성과 내구성을 갖는다. 탄성 및 소성이 양호하므로 다양한 형태의 가공이 가능하며 염색이 수월하다.	형태와 품질이 균일하지 않다(주름, 상처 등). 습도에 영향을 받는다. 습할 경우 늘어남과 동시에 곰팡이가 생길 수 있다. 너무 건조할 경우 수축의 위험이 있다.

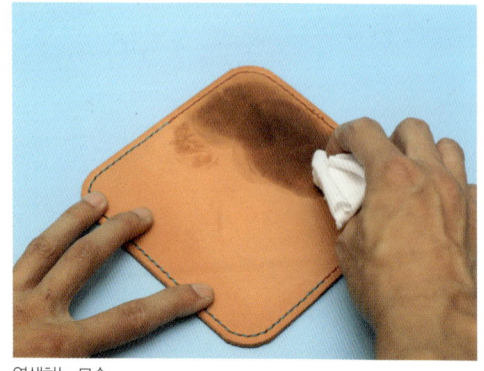

염색하는 모습

주름 잡힌 모양

2) 가죽의 구조

가죽에는 은면과 상면이 있는데, 은면은 가죽의 표면을 말하고, 상면은 가죽의 밑면을 말합니다. 은면은 보통 매끄럽게 보이는 부분으로 볼 수 있고, 거칠게 보이는 면을 상면으로 볼 수 있습니다.

■ 은면(銀面)_Grain

가죽의 표면(겉면) 약 0.5mm 정도 부분을 은면이라 합니다. 가죽의 종류에 따라 주름, 모공 등 모양 차이가 있습니다.

은면

■ 상면(床面)_Split

가죽의 밑면을 상면이라 하며, 은면을 깎아내고 남은 가죽 또한 상면에 해당합니다. 도코라고 많이 불리나 이는 일본말의 とこ(床)이며, 시장 등에서는 마치 전문 용어처럼 사용됩니다.

상면

3) 가죽의 기본 단위

통상 가죽의 상면에 표기되며 국제적 표기단위 DS(dash square / 데쉬 스퀘어 : 1DS = 10㎠)가 많이 쓰입니다. 단 국내의 경우 SF(square fit / 스퀘어 핏 : 1SF = 30.45㎠)를 일컫는 '평' 단위가 주로 통용됩니다.

우피(소가죽) 1장을 기준으로 했을 때 약 200~300DS, 돈피(돼지가죽) 1장은 약 100~150DS 정도의 크기가 보통입니다. 통상적으로 소가죽의 경우, 한 장을 구입하면 10~60만 원 사이로 구입할 수 있습니다.

가죽마다 표기가 되어 있는 숫자는 DS입니다. 152DS (약 17평)

4) 가죽의 두께

가죽은 다양한 두께로 가공되어 유통됩니다. 제작하는 작품에 따라 필요한 두께가 있으므로 구입 전 미리 확인하는 것이 좋겠지요. 만약 원하는 두께가 없을 경우, 필요 사이즈에서 약간 더 두꺼운 가죽을 구입 후 피할 업체에 의뢰하여 원하는 두께로 가공하면 됩니다.

> **Tip 피할 업체** – 가죽의 두께를 균일하게 깎아주는 업체(업체 등에서는 스끼(漉き), 와리(割り) 등 일본어가 전문용어처럼 통용되고 있습니다. 스끼는 가죽을 부분적으로 깎아내는 것이고 와리는 가죽 전면을 깎아내는 일본어입니다.)

가죽 두께에 대한 사진

2 가죽의 여러 가지 분류 방법

같은 동물의 가죽이라도 성별, 연령, 생활환경에 따라 성질이 다릅니다. 무두질(Tanning) 방법, 표면 마감법에 따라서도 다르지만 공통된 특성에는 다음을 살펴보도록 하겠습니다.

1) 무두질(tannage, tanning)

동물 가죽 표면의 이물질 혹은 털, 여분의 지방이나 단백질을 제거하고 특정 유제를 침투시켜 무두질을 함으로써 부패하지 않고 부드러워집니다.

물이나 열에 대해서도 내구성이 높아지고 튼튼해집니다. 가죽업계에서는 무두질 전을 피 무두질, 후를 혁이라고 구별하는데요. 사용하는 유제(鞣劑)의 종류에 따라 가죽의 성질이 다릅니다. 주된 유제로는 탄닌(Tannin)과 크롬(Chrome)이 있습니다.

> **Tip 용어 설명**
> - 유제(tanning agent) : 동물의 피부에서 생활에 사용되는 가죽으로 생산 시 부패하지 않도록 무두질에 사용되는 물질
> - 탄닌(tannin) : 무두질에 사용되는 탄닌은 아카시아 나무에서 만들어지는 미모사입니다. 줄기는 종이를 만들 때 사용이 되며, 수피에서 탄닌 엑기스를 유출합니다.
>   늘어나거나 줄어드는 성질이 적으며, 형태를 잡았을 시에 그대로 유지되는 성질이 뛰어납니다.

■ 식물성 탄닌 무두질(Vegetable Tannin Tannage)

식물성 탄닌 무두질은 오래 전부터 시행되어 온 방법으로 식물성 탄닌을 유제로 하는 가공법입니다. 흔히 통가죽이라 불리는 가죽이 이와 같은 가공법으로 생산되며, 딱딱하다는 인식이 많으나 가공방식에 따라서는 부드러워질 수 있습니다. 작업공정은 농도가 다른 탄닌(Tannin)에 몇 번이고 숙성시켜 2~10개월간 행해집니다.

식물성 탄닌 무두질 사진 라티고 내추럴.

가죽은 비교적 단단하며 힘이 있고, 신축성과 탄성이 적으며 가소성이 뛰어납니다. 또한 유분 및 수분 흡수가 우수하므로 성형작업이 수월하여 입체 가공이 가능합니다. 손바느질에 적합하고, 카빙이 가능한 장점도 지니고 있습니다.

염색 전에 식물성 탄닌 무두질 가죽은 붉은 살색을 띠며, 사용함에 따라 빛에 노출이 되면 짙은 갈색으로 변색됩니다. 태워도 유해물질이 나오지 않는 친환경적인 가죽입니다. 일반적으로 베지터블 가죽, 식물성 가죽, 통가죽, 누메 등이 식물성 무두질 가죽의 표현 명칭입니다.

■ 크롬 무두질 (Chrome Tannage)

3가 크롬 착체를 반응체로 하는 무두질로 식물성 탄닌 무두질보다 생산 비용이 적게 들며, 생산성이 우수하므로 양산에 효율적입니다. 내열성이 뛰어나며, 염색하면 발색이 좋고 변색이 되지 않고, 부드러워 미싱이 가능하며 신축성이 뛰어나 의류나 가방에 주로 사용되기도 합니다. 염색 전은 파란색을 띠어 웨트블루(Wet Blue)라고도 불립니다.

태우면 환경오염의 원인이 되는 유해물질이 생기므로 처분 시에 반드시 주의가 필요합니다.

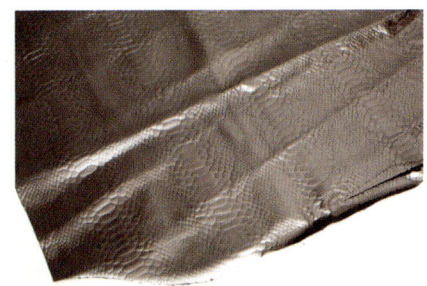

크롬 무두질 가죽 사진

■ 그 외 무두질

• 오일 무두질

동·식물유를 유제로 무두질하는 방법으로 주로 세무 가죽 생산 시 시행되는 무두질입니다.

• 알루미늄 무두질

크롬 무두질한 가죽과 성질은 비슷하나 내열성이 낮고 가공 시 무색이므로 발색효과가 뛰어납니다. 모피 가공 시 주로 사용되며, 복합 무두질 시에도 주로 사용합니다.

• 지르코늄 무두질

4가 지르코늄 염기성 열에 의한 무두질로 내광성, 내마찰성에 뛰어난 무두질입니다.

• 콤비네이션 무두질(복합 무두질)

2종류 이상의 무두질을 병행하는 무두질이며 복합 무두질이라고도 합니다. 다양한 무두질 방법의 효과를 얻을 수 있습니다.

기타 여러 종류의 무두질이 있으며 친환경을 고려하여 크롬 무두질을 대체할 무두질이 꾸준히 연구개발되고 있습니다.

2) 마감 방법

가죽은 무두질이 행해진 후, 여러 가지 마감을 통해 일반적으로 사용되는 가죽이 됩니다. 무두질로도 가죽의 특성이 달라지지만 마감 방식에 따라서도 가죽의 특성은 크게 달라집니다.

■ 퍼핑 마감 (Puffing Finish)

퍼핑(Puffing)작업만을 한 마감 - (퍼핑 : 천이나 샌드페이퍼(사포)로 연마하는 작업)

라티고

■ 아닐린 마감 (Anyline Finish)

염색한 가죽의 은면에 투명감을 주어 가죽의 패턴을 볼 수 있도록 한 마감. 소량의 안료를 배합한 세미아닐린 마감도 있음.

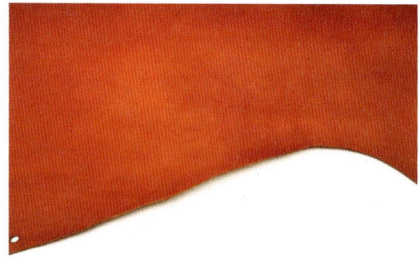

보노 아닐린

■ 글레이징 마감 (Glazing Finish)

가열된 유리, 금속 등의 롤러로 은면에 강한 압력을 주어 마찰시킴으로써 광택 및 은면에 부드러움을 주는 마감.

새들

■ 안료마감 (Pigment Finish)

안료를 사용한 마감으로 은면의 상처를 감추기에 적합한 마감.

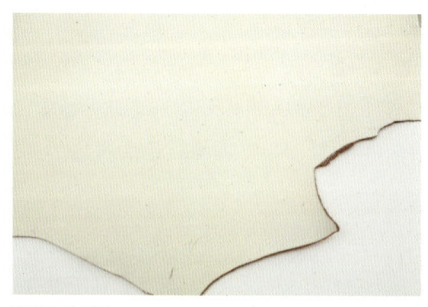

라티고 롤 코트

■ 아이언 마감 (Ironing Finish)

아크릴계 합성수지가 주성분인 안료를 도포 후, 가열된 금속으로 눌러 가죽을 평평하게 하고 광택을 낸 마감.

■ 엔틱 마감 (Antique Finish)
염료를 이용하여 투톤으로 얼룩지게 하는 마감.

롬엔틱

■ 풀업 피니쉬 (Pull Up Finish)
은면에 왁스, 유분을 다량으로 침투시킨 후 프레스기로 압축한 마감. 가죽을 접거나 당겨주면 늘어나는 부분의 색상이 흐려지는 농담의 효과를 가짐.

풀업 레더

■ 에나멜 마감 (Patent Finish)
파텐트 마감이라고도 불리며 우레탄 도료를 사용, 비교적 두껍고 내수성이 강한 막을 은면에 형성하여 광택이 매우 강한 마감.

에나멜 가죽

■ 주름 마감 (Boarding Finish)
가죽을 은면 방향으로 접어 주름을 형성, 은면의 결점을 감추게 하는 마감. 기계로도 가능하지만, 수작업으로도 가능함.

그랜드수렁큰

■ 엠보싱 마감 (Embossed Finish)
가죽의 표면에 가열된 음각, 양각이 새겨진 판으로 압축한 마감. 소가죽 등의 은면에 음·양각을 주어 고가의 파충류를 대체하기도 함.

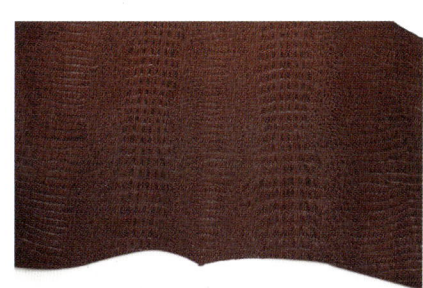

크로커다일 엠보싱

3) 기모혁

■ 스웨이드
상면의 섬유를 일으킨 마감.

스웨이드

■ 벨루어 (velour)
누박보다 털을 길고 거칠게 일으킨 마감.

벨루어

■ 누박
은면의 섬유를 곧게 일으킨 마감.

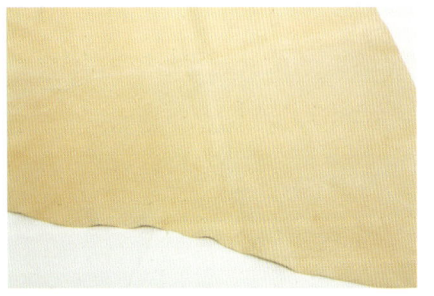

누박

■ 스플리트 (split)
가죽을 피할하여 남은 상면만으로 섬유를 일으킨 마감. 스웨이드와 흡사하나, 은면이 없어 스웨이드보다 약함.

스플리트

4) 모피
동물의 털을 제거하지 않고 마감.

송아지 모피(호피 모양 염색)

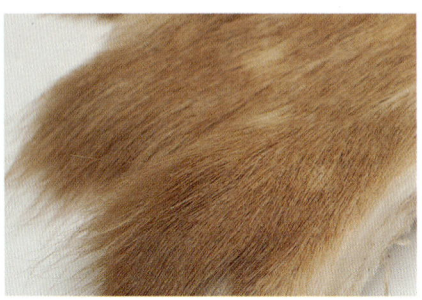

밤비 모피

5) 염색

염색 방법에 따라 가죽의 느낌은 많이 달라집니다. 무두질 후 대부분의 가죽 표면에 염색을 하는 과정을 거치는데 가죽의 염색은 크게 두 가지로 유분과 수분이 흡수 가능한 염료염색과 흡수되지 않는 안료염색이 있습니다.

염료염색은 투명감이 있어 가죽 본래의 느낌을 자연스럽게 살릴 수 있으나, 물이나 기름이 묻으면 얼룩이 지기 쉽고 마찰에 의해 색이 빠질 수 있는 단점이 있습니다.

반면, 안료염색은 물이나 기름에 녹지 않는 안료를 가죽의 표면에 발라 코팅한 것으로 물이나 오염에 강하고, 색이 빠질 염려가 없습니다. 하지만 가죽 표면의 상처나 얼룩까지 감추어 매끄러워 보일 수는 있어도 인공적인 느낌이 강합니다. 염색염료와 안료염색의 구분은 가죽에 물을 묻혀 쉽게 확인할 수 있습니다. 물이 흡수되면 염료염색이며 물이 흡수되지 않으면 안료염색입니다.

> **Tip** 단 염료염색 위에 락카와 같은 마감제를 사용하면 방수가 되어 물이 흡수되지 않습니다.

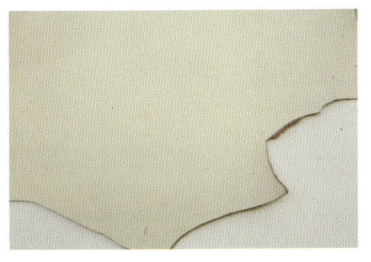

안료염색된 가죽   염료염색된 가죽

3. 소가죽

다양한 가죽 중 가장 많은 용도로 사용 되는 것이 소가죽입니다.
소가죽의 대부분은 성우(成牛, Steer hide = 생후 3~6개월 이내에 거세한 2년 이상 자란 수컷 소)가 사용됩니다.

1) 소가죽의 연령에 따른 분류

■ **카프 (Calf)**
생후 5개월 이내의 가죽으로 가장 품질이 우수합니다. 크기가 작고 두께는 얇으며, 가죽의 섬유가 조밀합니다. 은면이 부드러우며, 독특한 줄무늬가 있는 것이 특징입니다.

■ **킵 (KIP, 中牛)**
생후 5개월부터 1년까지의 가죽으로 카프(calf)보다는 조금 두껍고 질깁니다. 카프와 스티어의 중간 품질.

■ **카우 (Cow hide, 成牛)**
생후 1.5~2년 이상의 암컷 소의 가죽으로 스티어 혹은 불보다는 얇습니다. 은면은 대체로 고르나, 가죽의 섬유조직(특히 배 부분)은 매우 성글게 짜여 있습니다.

■ **스티어 (Steer hide, 成牛)**
생후 3~6개월 이내에 거세한 수컷 중 2년 이상 경과한 소의 가죽으로 가죽의 두께가 비교적 균일하여 대표적인 가죽의 재료입니다.

■ **불 (Bull hide 成牛)**
거세하지 않은 생후 3년 이상의 수컷의 가죽으로 두껍고 섬유조직이 거친 것이 눈에 뜨입니다. 머리, 어깨, 목 부분이 매우 두꺼움.

2) 부위별 명칭

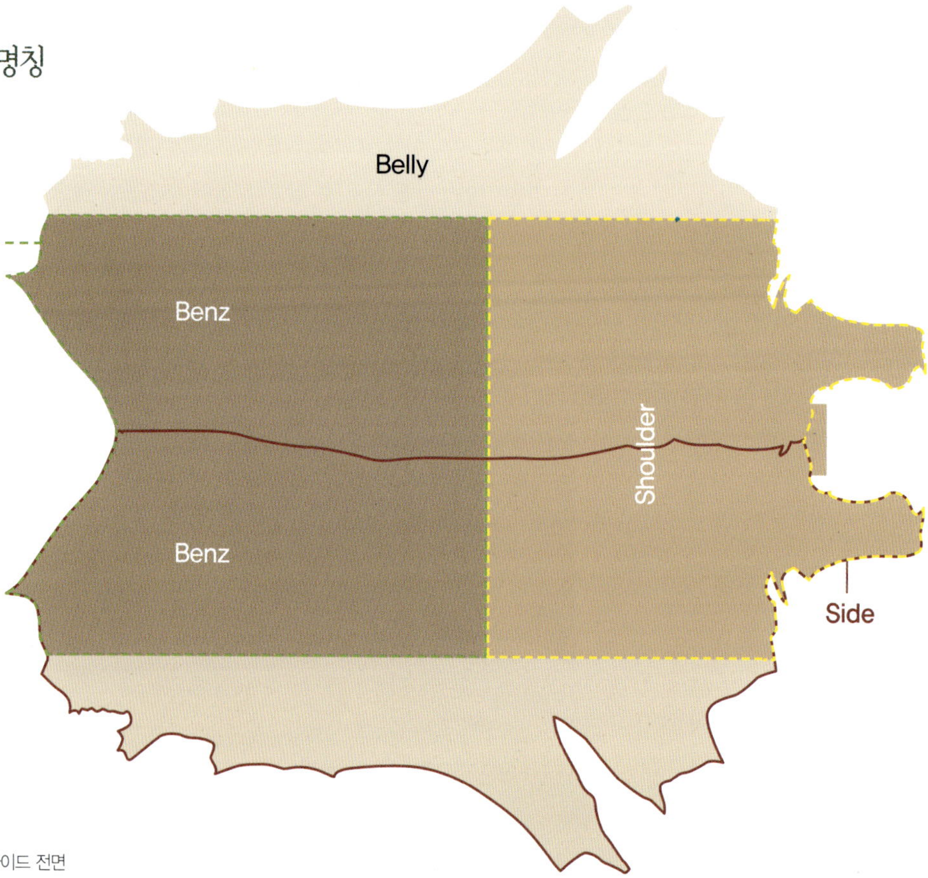

소가죽 사이드 전면

- **버트 (Butt)**

  숄더와 벨리를 제외한 부위. 섬유가 조밀하며 튼튼하고 양질임.

- **벤즈 (Benz)**

  버트를 반으로 나눈 부분.

- **숄더 (shoulder)**

  섬유의 밀도가 조밀하며, 주름이 많음.

- **벨리 (Belly)**

  섬유가 성글고 부드러우며 잘 늘어남.

3) 부위별 특징

A 등   B 배   C 목, 다리, 엉덩이

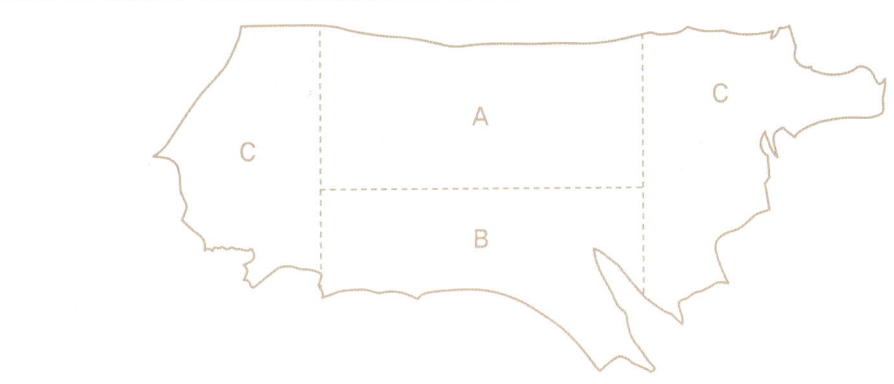

- A 등 : 잘 늘어나지 않고 튼튼한 성질을 갖는 양질의 부위로 가방의 옆면 혹은 밑면 등 힘을 받거나 외관상 보이는 부분에 우선 사용하고, 벨트 혹은 스트랩과 같이 길이를 필요로 하며, 늘어나면 안 되는 작품에 사용합니다.
- B 배 : 근육 섬유가 성글고 부드러워 잘 늘어나므로 힘을 받지 않는 부분에 사용하거나, 얇게 피할하여 안감 등에 사용합니다.
- C 목, 다리, 엉덩이 : 주름이 많고 섬유가 성글며, 두께도 일정치 않습니다. 주름, 상처를 디자인으로 살려 힘을 받지 않는 부분이나 가방의 덮개 등에 사용하면 좋습니다.

2장의 가죽을 붙이거나 손잡이 부분은 섬유가 성근 부분을 꿰매어 사용하면, 가죽이 보강되어 사용할 때 늘어나지 않습니다. 가죽을 손으로 당겨봤을 때 섬유의 방향에 따라 잘 늘어나는 방향과 늘어나지 않는 방향이 있습니다. 가죽이 두꺼워서 알 수 없는 경우는, 구부렸을 때 잘 구부러지는 방향이 잘 늘어나는 방향입니다. 가죽의 뒷면을 보면 섬유가 성근 부분과 조밀한 부분 등을 파악할 수 있습니다.

처음 가죽공예를 하는 경우에는 작품의 모든 부분을 주름이 없는 양질의 부분만 사용하게 되는데, 이럴 경우 남은 부분을 사용하기가 쉽지 않습니다. 한 작품의 각 부분에 따라 요구되는 품질은 다릅니다. 예를 들어 보이지 않는 부분, 힘을 받지 않는 부분에 굳이 좋은 부분을 사용할 필요는 없습니다. 이점을 유념하고, 가죽의 모든 부분을 효과적으로 사용할 수 있도록 하는 것이 좋습니다.

4) 기타 가죽

■ 돼지가죽(돈피)

식물성 탄닌 무두질된 돼지가죽은 소가죽과 동일한 사용이 가능하나 두께는 얇습니다. 크롬 무두질된 돈피는 스웨이드, 누박 등 마감 방식에 따라 여러 종류가 있으며 주로 안감으로 많이 사용합니다.

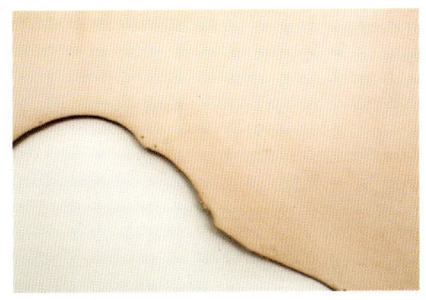

■ 양가죽

흡수성이 좋고 부드러우며 염색이 잘되어 가방, 소품 등에 적합합니다. 안감이나 매듭 등으로도 많이 사용됩니다. 양가죽의 대부분은 인도산이 많습니다.

■ 파충류

악어, 뱀, 도마뱀, 개구리 등이 있으며 습기에 매우 강해 곰팡이가 생기는 경우가 없으며 은면의 모양이 화려하고 아름다운 특징을 갖습니다.

파충류

■ 기타 가죽

그 외에도 주름이 아름다우며 내마찰성이 뛰어난 산양 가죽, 유연하고 강하며 감촉이 좋은 사슴 가죽, 독특한 모공을 가진 타조 가죽, 아름다운 돌기를 가진 가오리 가죽, 다양한 종류의 모피 등이 있습니다.

4 가죽 구입 및 관리

1) 가죽 구입 시

좋은 작품을 만들기 위해서는 먼저 가죽의 선택이 중요합니다. 앞서 서술한 내용을 염두에 두고 작품의 성향이나 목적에 맞는 가죽을 선택해야 합니다. 가죽을 판매하는 업체마다 차이는 있지만 기본적으로 소가죽의 경우에는 Side(등에서 엉덩이까지 자른 반 마리) 혹은 숄더(Shoulder, 어깨), 버트(Butt) 등 큰 사이즈로 판매가 됩니다.

이유는 소비자가 원하는 대로 판매를 하게 되면 가죽의 특성상 주름이 많고, 섬유가 성근 부분을 살 사람은 아무도 없기 때문입니다. 일부 인터넷 업체에서는 1평 단위로 판매되나, 정확한 부위를 알 수 없을 뿐더러 좋은 등 부분을 1평 단위로 판매할 리도 만무합니다.

가급적 사이드, 숄더, 버트 등 한 장 단위로 구매를 하여 가죽을 사용해 보는 것이 가죽의 특성을 아는 데도 도움이 될 것입니다.

기본적으로 식물성 탄닌(Tannin) 무두질된 가죽이라 해도 염색과 마감에 따라 가죽의 가격과 품질은 천차만별입니다. 하지만 국내시장에서는 판매자에게 원산지 정보를 제외한 가죽의 마감, 가공공정 등에 대한 기초 정보조차 얻기 힘든 것이 현실입니다. 이처럼 단순히 원산지에 따라서 가죽의 품질을 구분하는 국내 시장 여건에서 본인에게 필요한 가죽을 구입하기란 매우 어려울 수밖에 없습니다.

다만, 본서를 통해 가죽의 가공 방식 및 마감, 성질에 대해 조금이라도 이해 및 참고를 할 수 있기 바랍니다.

2) 가죽의 관리

가죽은 사람의 피부와 비슷하여 꾸준한 관리가 필요합니다.

식물성 탄닌 무두질된 가죽의 경우, 사용할수록 부드러워지고 광택이 나므로 사실상 매일 사용하는 것이 가장 좋은 관리입니다. 사람의 유분이 가죽에 공급되므로 매일 사용을 하면 별도의 유분 공급이 필요 없습니다.

매일 사용하지 않는 제품의 경우, 가끔 가죽에 이물질 혹은 오염된 것을 제거하고 유분 및 영양을 공급해주는 것이 좋습니다. 가죽의 종류에 따라 사용되는 보호제는 달라집니다. 내추럴한 가죽은 자연스럽게 태닝이 되게끔 사람이 태닝할 때처럼 유분을 공급해줘야 합니다. 유분이 부족해지면, 가죽의 은면이 건조해져 갈라지고 벗겨지게 됩니다.

반면, 염색이 된 가죽은 오히려 빛에 노출이 되어도 본래 가죽 색상이 올라오지 않게 썬블럭 효과가 있는 보호제를 발라주는 것이 좋습니다. 그렇지 않으면 본래 가죽 색상이 올라와 누렇게 변해갑니다.

가죽 보관 시에는 통풍이 잘되는 음지에 보관하는 것이 가장 좋습니다. 보관 시에 가장 조심해야 할 것은 곰팡이입니다. 곰팡이는 이물질, 습기, 온도 이 3조건이 맞으면 쉽게 번식합니다. 보관 전에 반드시 먼지를 제거하고 잘 건조시킨 후 상처가 나지 않도록 부드러운 천, 부직포 등으로 싸서 통풍이 잘되고, 햇볕이 들지 않는 건조한 장소에 보관하고 가끔 꺼내서 건조시키는 것이 좋습니다.

곰팡이가 생기면 물기를 잘 짠 부드러운 천으로 곰팡이를 닦아내고 햇빛에 살균합니다. 곰팡이가 가죽의 내부에까지 뿌리를 내리면 표면을 닦아내어도 닦이지 않으므로 가능한 한 빨리 발견하여 대처하는 것이 중요합니다.

■ 가죽이 젖었을 경우

가죽 중에서 식물성 탄닌 무두질된 가죽은 특히 수분 흡수가 잘되므로 물은 충분히 조심해야 합니다. 젖었을 경우, 마른 천이나 종이로 수분을 빼고 안에 신문지를 넣어서 형태를 잡아주고 가죽에 이물질이 묻게 되면 닦아내기 힘들므로 때가 타면 바로 닦아내어 주는 것이 좋습니다.

볼펜 등 유성의 이물질은 기본적으로 닦아낼 수 없습니다. 아세톤이나 시너는 가죽의 표면을 상하게 하므로 절대 사용해서는 안 됩니다. 가죽용 클리너를 사용할 때도, 얼룩이 질 수 있으니 보이지 않는 곳에 시험해보고 사용하는 것이 좋습니다.

3) 가죽 관리 용품 사용법

■ **브러시**

가죽은 항상 브러시를 이용하여 먼지 및 이물질을 제거하고, 오염된 부분이 있으면 약품 혹은 물기가 있는 천으로 닦아낸 후, 유분 및 영양을 주는 것이 기본 관리법입니다.

■ **새들솝**

가죽에 먼지 및 이물질을 제거하여 곰팡이가 생기지 않도록 하며, 호호바유(Jojoba oil)가 가죽을 촉촉하게 해줍니다. 스웨이드 같은 기모혁을 제외한 소가죽에만 사용 가능합니다(신발, 가방, 벨트 등).

01 스펀지에 물을 적당량 적십니다.

02 새들솝에 거품이 나도록 스펀지로 문지르며 묻혀줍니다.

03 가죽에 가볍게 두드리면서 묻혀줍니다.

04 부드러운 천으로 닦아냅니다.

05 통풍이 잘되는 곳에서 건조시킵니다.

■ **뉴네오클리너**

인체에 안전한 천연 항균방취제가 악취의 원인이 되는 황색부도균에 작용하여 피혁에 항균 효과를 줍니다. 왁스 성분이 함유되어 있지 않아 끈적이지 않고, 속건성으로 사용에 편리합니다. 스웨이드와 같은 기모혁에는 사용이 불가능합니다.

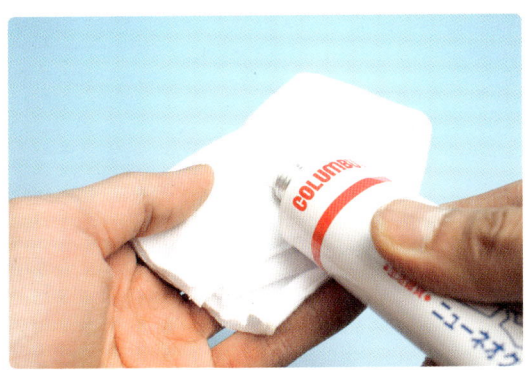

■ 밍크오일

피혁에 새로운 유분을 제공하며 부드러움과 유연함을 줍니다. 동물성 밍크오일이 피혁에 잘 스밉니다. 얼룩이나 탈색될 수 있는 가죽도 있으니 눈에 띄지 않는 부분에 시험해보는 것이 좋습니다. 파충류 등의 특수가죽 및 스웨이드, 누박 등의 기모혁에는 사용할 수 없습니다.

01 부드러운 천에 묻힙니다.

02 가죽에 원을 그리듯이 균일하게 발라줍니다. 오일이 어느 정도 흡수되고 나면, 부드러운 천으로 닦아줍니다.

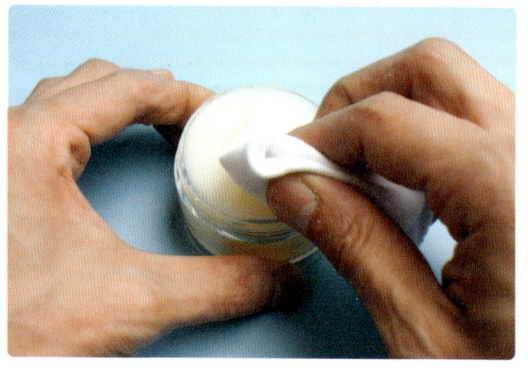
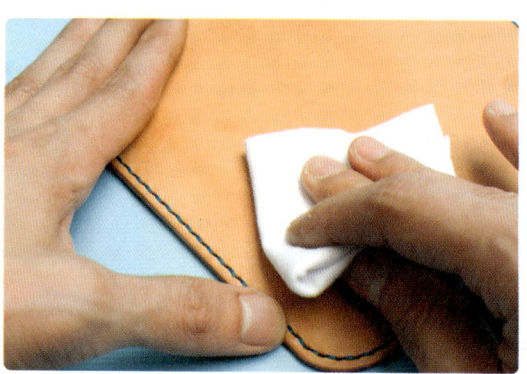

■ 식물성 탄닌 무두질 가죽 전용 크림

천연식물 동물성 왁스를 배합하여 만든 크림으로 가죽에 유분을 공급하여 부드럽게 해주며, 냄새가 없고, 곰팡이 방지제가 배합되어 있는 식물성 탄닌 무두질 가죽 전용 크림입니다. 썬블럭 효과가 있어 염색된 가죽에 사용하면, 염색된 가죽이 변색이 되지 않게 도와줍니다.

01 크림을 천에 묻힙니다.

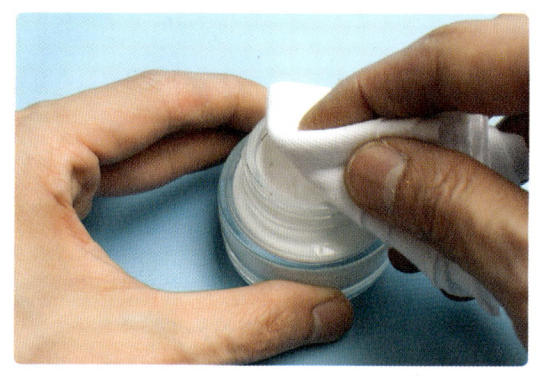

02 얇게 펴서 균일하게 발라줍니다.

■ 니트풋오일

소의 다리에서 얻은 오레인산(Oleic Acid)을 주성분으로 하는 100% 우각유로 식물성 탄닌 무두질된 소가죽에 유분을 공급해주는 역할을 하며 가죽 관리 시 사용합니다. 가죽이 오래 되면 유분이 빠져나가 푸석푸석해지고 갈라지게 되는데 유분을 공급해줌으로써 해결할 수 있습니다.

가죽의 유연성, 내광성에 효과적이며 내추럴한 색상의 가죽에 발라주면 자연스럽게 변색됩니다.

01 울피스나 천에 오일을 묻힙니다.

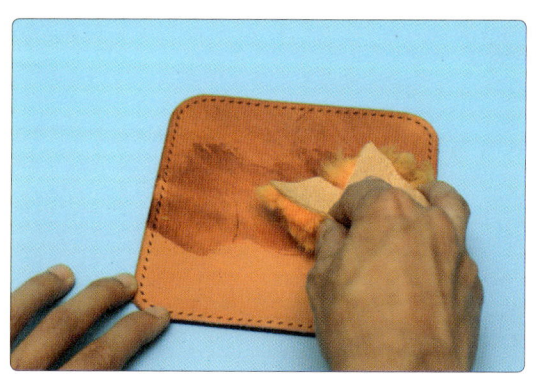

02 가죽에 원을 그리며, 균일하게 발라줍니다.

03 왼쪽부터 바르기 전, 바르고 흡수된 후, 바른 직후·니트풋 오일(Neat Foot Oil)을 바르면 색상이 처음에는 진하나 흡수가 완전히 되면 거의 본래 색상으로 돌아옵니다.

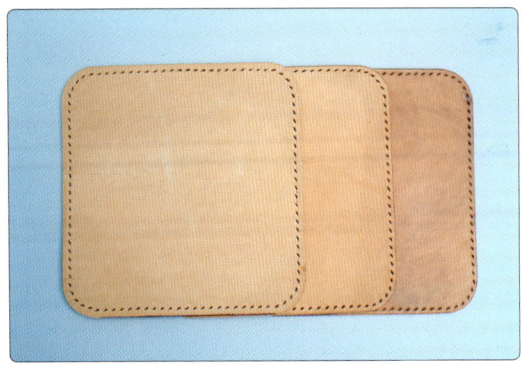

■ 오일왁스

유성 실리콘과 백납을 유화한 것으로 염색 등으로 유분이 날아간 경우 뻣뻣해진 가죽을 부드럽게 해줍니다. 가죽에 이물질 및 때가 탄 것을 닦아낼 때도 효과적입니다.

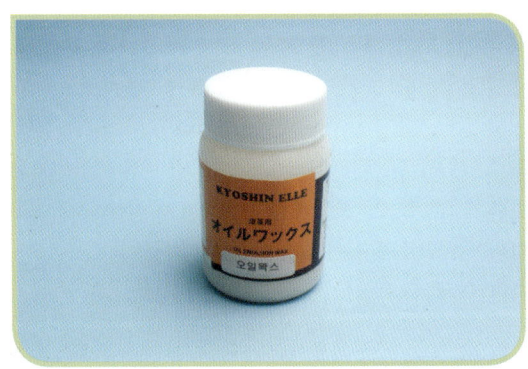

01 부드러운 천에 소량으로 오일왁스를 묻힙니다.

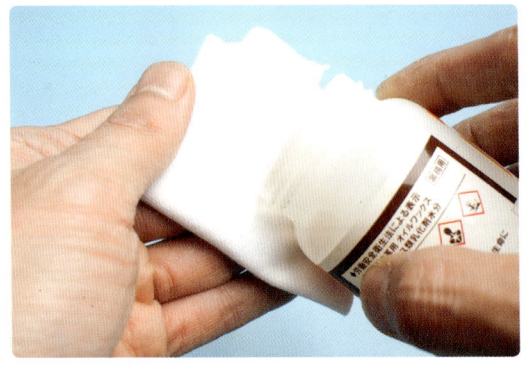

02 가죽에 고르게 펴서 발라줍니다.

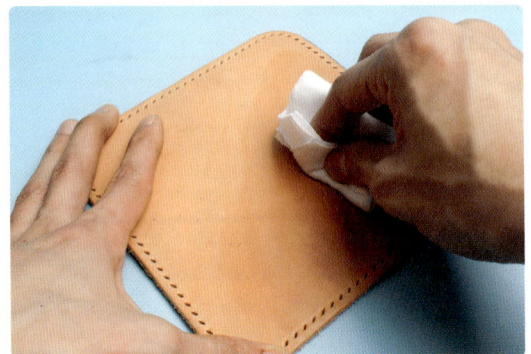

가죽의 공구 사용

가죽을 재단하는 법, 바느질 공구와 마감용 공구, 접착제, 장식 부착 등 각종 가죽 작업을 위한 부자재를 살펴보겠습니다.

1 디자인 도안 및 제작

가죽으로 실제작에 들어가기에 앞서 원하는 디자인을 스케치하고 임시 제작을 통하여 이용에 불편이 없는지, 원하는 사이즈인지 미리 확인해야 합니다. 가제작을 통해 도안을 제작하고, 가죽의 흐름과 늘어나는 방향을 파악하여 도안을 가죽에 올바르게 옮겨보기 바랍니다.

* 도안의 실제작 이전에 임시 제작을 하여 가죽의 헛된 사용을 방지할 수 있습니다.

1) 디자인 도안 스케치하는 방법

도안은 직접 그리거나 컴퓨터 프로그램을 사용하는 등 다양한 방법을 사용할 수 있습니다. 처음 디자인을 한다면 잘된 디자인을 모방하는 것도 하나의 좋은 방법일 수 있습니다. 하지만 직접 만드는 사람이라면 자신만의 독특하고 개성 있는 작품을 위해 디자인하고 노력해야 합니다.

01 생각한 디자인을 스케치북이나 종이에 스케치합니다.

가제작이나 도안 제작에 앞서 생각한 디자인의 정확한 치수 및 가죽의 두께를 미리 정확하게 머리 속에 그려서 생각해 놓는 것이 좋습니다.

Hand sewing Leather Craft

02 컴퓨터 프로그램 등을 사용하여 실사이즈로 제작하거나 하여 프린트합니다.

* 프로그램을 이용하면 대체로 빠른 작업이 가능하고 다양한 디자인이 가능합니다. 하지만 프로그램을 잘 사용해야 원하는 디자인을 할 수 있다는 점이 있습니다.

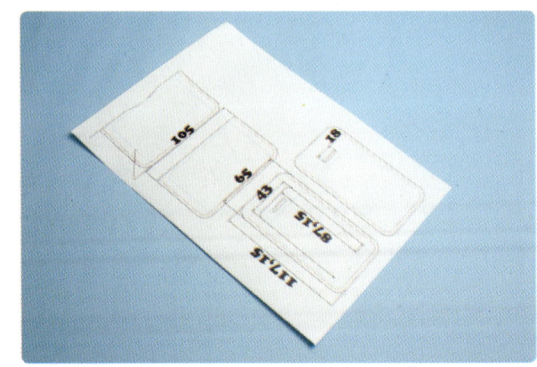

03 모눈종이와 자를 사용하여 직접 그립니다.

* 초보자에게는 가장 편하게 그릴 수 있는 작업입니다. 자와 모눈종이를 활용하여 쉬운 도안을 그릴 수 있어 용이합니다.

제작에 들어가기 전에

마지막으로 도안을 이용해 가죽의 상면만으로 임시 제작을 해서 디자인 및 사용 용도에 이상은 없는지, 두께는 적당한지를 파악한 후, 도안을 수정하거나 그대로 사용하면 됩니다. 가죽 상면은 피할 업체에서 가죽을 피할 후, 남은 상면을 받아서 사용하면 됩니다.
예)2mm 가죽을 1mm로 피할 시, 은면이 붙은 1mm의 가죽은 실제작에 사용하는 가죽이고, 피할해서 잘려나간 나머지 1mm 상면 부분을 의미합니다.

2) 도안을 가죽에 옮기자

도안을 옮길 시에는 은펜과 라운드 송곳을 이용하여 미리 준비된 가죽(용도에 맞는 두께의 가죽)의 은면(銀面)에 그려줍니다. 주름과 상처 등 가죽의 상태를 확인하기 위해 은면에 그리는 것이니 유심히 살피면서 도안을 옮기세요. 한 장의 가죽에 도안들을 촘촘히 옮겨서 가죽을 낭비 없이 사용합니다.

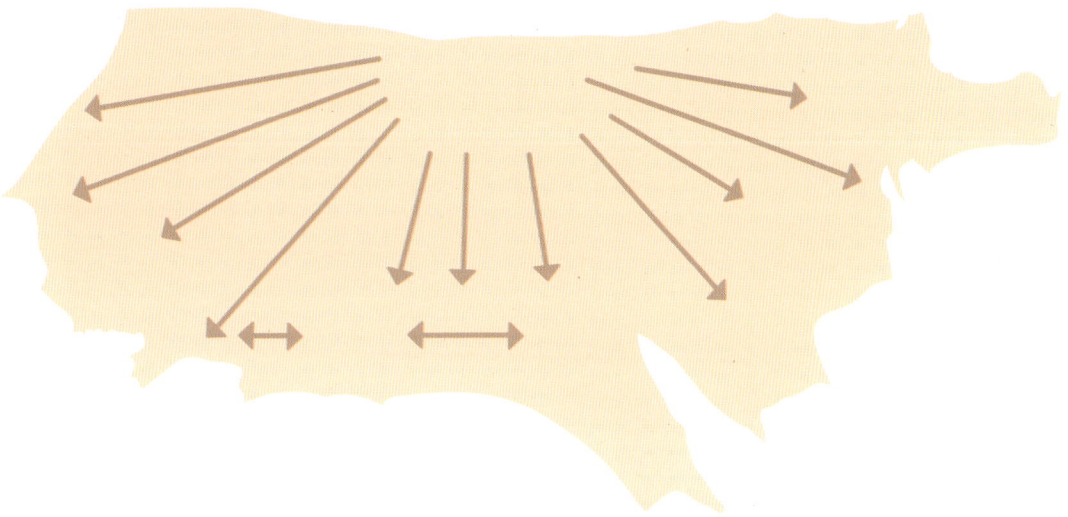

이미지의 화살표 방향은 섬유의 흐름 방향이며 섬유 흐름 방향으로 가죽은 잘 늘어나지 않으며, 흐름의 직각 방향으로 잘 늘어납니다(실제로는 좀 더 복잡합니다). 가죽을 실제로 당겨보면 잘 늘어나는 방향을 알 수 있으며, 가죽이 두꺼운 경우에는 가죽을 접어보면 잘 접히는 방향이 잘 늘어나는 방향입니다.

■ 은펜

가죽에 은색으로 표시되어 눈에 띄며, 부드러운 가죽에 쉽게 선을 그을 수 있습니다. 구멍 뚫을 부분을 표시할 때에도 사용하면 좋습니다. 재단 시에는 그려진 은펜선을 완전히 재단해줍니다.

■ 라운드 송곳

가죽에 도안을 옮기거나 표시해줄 때 사용하며, 은펜과는 달리 라운드 송곳으로 그은 선은 가늘기 때문에 도안과의 오차가 거의 없습니다. 한번 그은 선은 없어지지 않으므로 도안을 가죽에 잘 대고 선을 따라가면서 조심스럽게 그려주는 것이 중요합니다.

 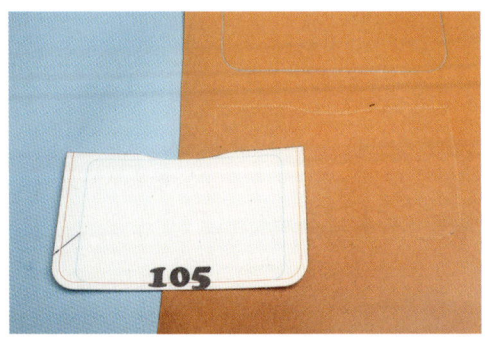

■ 기타

- 직각자 : 도안을 그리거나 재단 시, 직각 확인 시 등에 다양하게 많이 사용됩니다.
- 가위 : 도안, 실 및 가죽 임시 재단 시 사용합니다.
- 커터칼 : 도안 재단 시 사용합니다.

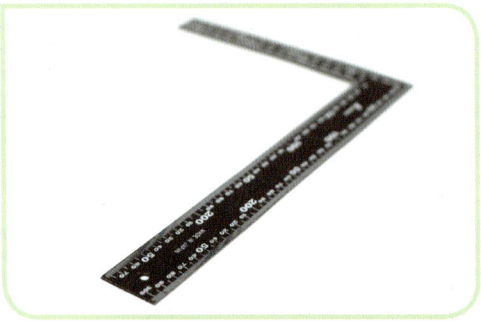 

2 가죽 재단

재단은 가죽공예에서 매우 중요한 작업입니다. 재단을 잘하면 그 이후에 모든 작업이 순조로워집니다. 각 파트의 크기가 맞지 않는다고 가정해보면 각 파트를 맞추기 위해 다시 수정을 계속해야 하며, 원하던 사이즈의 작품을 만들 수 없게 됩니다.

가죽에 은펜 및 라운드 송곳으로 옮겨 놓은 도안을 재단합니다. 가죽은 기본적으로 두께가 어느 정도 있으므로 가죽의 재단면을 수직으로 정확하게 재단하는 것이 중요합니다.

가죽칼의 올바른 사용을 연습하면, 재단 시 자를 받치지 않고도 쉽게 직선 재단이 가능합니다(일반 커터칼로 재단하게 되면 재단면이 고르지 않기 때문에 힘 있는 가죽칼을 사용하는 것을 권합니다).

Tip 날이 진행되는 방향에 손을 놓지 않도록 주의합니다.

1) 가죽칼

날이 상하지 않게 비닐 압축판을 깔아 주고, 미리 가죽에 옮겨 놓은 도안을 따라 재단해갑니다. 가죽의 각 파트가 촘촘하게 도안이 옮겨져 있는 경우에는 5mm 정도 여유를 두고 임시로 재단을 한 후, 실재단에 들어가는 것이 좋습니다. 너무 힘을 주면 비닐 압축판에 날이 박혀 잘 나가지 않으니 주의하세요. 두꺼운 가죽은 한 번에 재단하려 하지 말고 2~3회 반복하여 재단합니다. 무리하게 재단하려 하면 힘만 들고 재단면이 지저분해질 수 있으니 주의합니다. 날의 폭은 24~39mm 정도로 다양합니다.

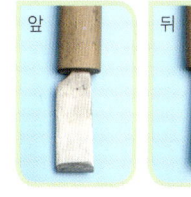 앞 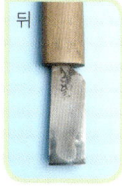 뒤

■ **가죽칼 잡는 법**

가죽칼은 날 앞부분에 경사가 있습니다. 그러므로 가죽칼을 그 각도만큼 뒤로 눕혀서 재단을 해야 재단면이 직각이 됩니다. 아래의 사진과 같이 가죽칼을 잡고 재단면이 직각이 될 수 있도록 확인 후, 재단을 해야 합니다.

가죽 재단 단면

▶ 위 : 가죽칼을 너무 눕힘.
▶ 중간 : 적당한 각도로 재단.
▶ 밑 : 가죽칼을 너무 세워서 재단.

■ **직선 재단 시**

직선 재단 시에는 자를 이용하지 않습니다. 플라스틱 자를 이용하게 되면 자와 가죽이 같이 재단이 될 수도 있고, 철 자를 이용할 시에는 가죽칼의 이가 나갈 수 있습니다. 또한 받치는 자가 밀리면 재단 또한 같이 밀리게 됩니다. 어느 정도 연습하면 쉽게 도안에 옮긴 선을 따라 직선 재단이 가능하니 차분히 연습해 보세요. 가죽의 은면에 자를 올려놓고 사용하다 보면 가죽에 스크래치를 낼 수 있습니다.

가죽에 대고 가죽칼의 날 오른쪽 부분을 너무 들지 않고 재단선을 따라가면 편합니다. 초보자는 한 번에 재단하지 말고 2~3회에 걸쳐 재단해주면 좋습니다.

재단 마지막은 끝까지 가지 말고, 칼을 찍어서 부드럽게 누르듯이 재단해주면 가죽이 밀리지 않습니다.

■ 곡선 재단 시

곡선이나 섬세한 부분은 약간 여유를 두고 임시로 자른 후 재단하는 것이 좋습니다. 먼저 직선을 재단하고 곡선을 재단하세요. 라운드가 큰 경우에는 조금씩 원을 만들어 가며 재단해주면 좋고 라운드가 작은 경우에는 가죽칼로 수회에 걸쳐 찍어주면서 재단해주세요.

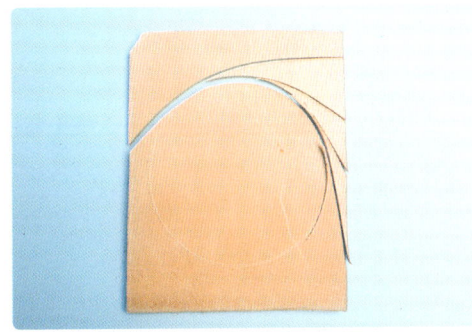

*점차적으로 라운드 만들기

*날은 가급적으로 좌측으로 눕혀서 사용하는 것이 곡선을 재단하기 좋습니다.

라운드가 작은 경우에는 가죽칼로 찍어 누르면서 재단합니다.

■ 디자인커터

안쪽으로 된 섬세한 부분은 날이 뾰족한 디자인 커터를 사용하면 편리합니다.

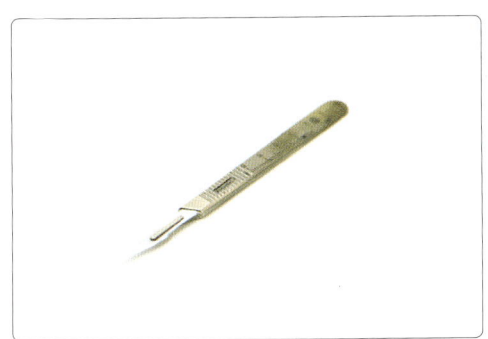
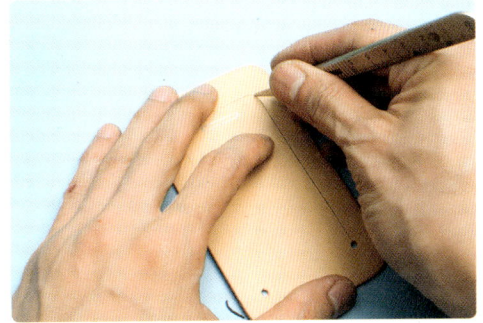

본서에 사용되는 가죽은 일반적으로 통가죽(식물성 탄닌으로 무두질된 가죽)이라고 불리는 가죽으로 어느 정도 두께와 힘이 있어 재단면을 사포로 다듬어 줄 수가 있습니다. 가죽 재단시, 한 번에 완벽하게 재단하면 좋지만 약간의 오차는 마감 시 수정이 가능하니 완벽하게 재단하지 못했더라도 걱정하지 않아도 됩니다(단, 오차는 최소화해야 다음 작업이 순조롭습니다).

2) 기타 재단용 공구

■ **일반 커터**

자를 대고 일반 문구용 커터로 재단을 하는 것도 무방하나, 가죽칼에 비해 날이 얇아 재단면을 수직으로 재단하기에는 적합하지 않습니다. 두꺼운 가죽의 경우, 한 번에 재단하지 말고 여러 번에 나눠서 재단하는 것이 좋습니다.

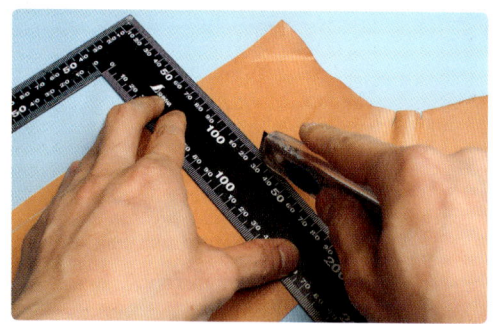

■ **스트랩 커터**

가죽을 일정한 폭으로 자르기란 쉽지 않습니다. 가죽 끈을 손쉽게 재단할 수 있는 도구가 바로 스트랩 커터입니다. 단, 힘이 없는 가죽이나 너무 얇은 가죽에는 적합하지 않으며 3mm~10cm의 가죽끈을 재단할 수 있습니다.

폭을 조절한 후, 고정나사를 펜치로 조입니다.

한쪽 면을 일자로 재단한 가죽을 스트랩 커터로 당기면서 일정한 폭의 가죽끈을 재단합니다.

■ 로터리 커터

흐물흐물하고 힘이 없는 가죽의 경우에는 로터리 커터를 이용하면 손쉬운 재단이 가능합니다.
두꺼운 가죽을 자를 시는 재단면을 수직으로 재단하기 힘들므로 피하는 것이 좋습니다.

■ 서클 커터

가죽으로 정확한 원을 재단하기는 쉽지 않지만, 서클 커터를 이용하면 손쉽게 재단이 가능하며 원재단이 편리합니다.

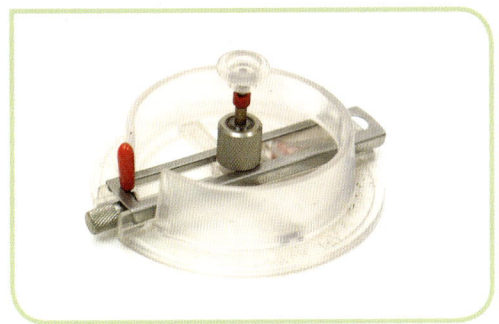

■ 가죽 두께 조절(피할)

가죽은 기본적으로 두께가 있습니다. 약 1mm에서 두꺼운 것은 8mm 정도까지도 있습니다. 가죽의 두께를 조절하는 것을 피할이라고 합니다. 가죽 구매 시 가죽의 두께는 원하는 두께가 아닌 경우가 대부분입니다. 그렇지만, 제작 시 각 파트에 요구되는 두께가 있습니다. 각 파트의 두께가 일정한 경우(1mm, 1.5mm 등)에는 피할해주는 업체에 가서 의뢰를 하는 것이 좋으나 소량, 혹은 부분적인 피할의 경우에는 직접 해야 합니다. 이 또한 피할용 장비가 있으나, 취미로 하는 개인이 구입하기에는 다소 고가이므로 가죽칼 및 대패 혹은 기타 공구를 이용하면 피할이 가능합니다.

가죽의 섬유가 성근 부분이나 날이 잘 나가지 않는 부분은 가죽의 상면에 물을 묻혀 흡수되면 비스듬히 놓고 밀면서 피할해줍니다.

■ 피할 종류

• 평피할

전면을 균일하게 피할(균일하게 피할하고자 할 때에는 업체에 가서 피할하는 것이 좋습니다).

• 경사피할

재단면 부분을 경사지게 피할(재단면의 두께를 얇게 하거나 은면을 접어서 마감할 때).

• 중간피할

중간 부분에 홈을 파는 피할(가죽이 쉽게 접히게 하거나 접었을 때 가죽이 울지 않게 할 때).

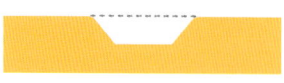

• 가죽칼을 이용한 피할

섬세한 피할이 가능합니다. 피할 부분을 표시한 후, 날을 옆으로 부드럽게 밀면서 피할합니다. 밑에는 유리판을 깔고 가죽을 잘 잡고 피할합니다. 가죽칼을 능숙하게 다룰 수 있다면 다른 피할 도구 등이 필요 없습니다(유리판을 받침으로 가죽이 힘이 있게 받쳐져 두께를 고르게 피할할 수 있으므로 반드시 유리판 위에서 작업 해야 합니다).

가죽칼 피할 방법

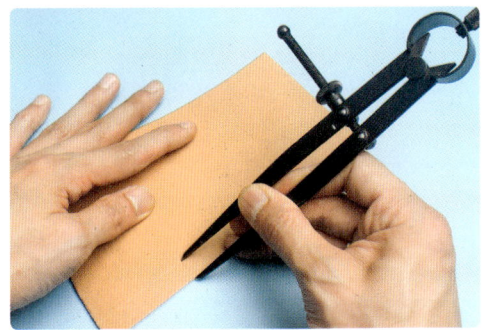

디바이더로 피할 부분을 표시해줍니다.

표시선을 따라 가죽칼을 옆으로 밀면서 피할해줍니다. 한 번에 하려고 하지 말고 여러 번에 걸쳐서 피할해주어야 합니다.

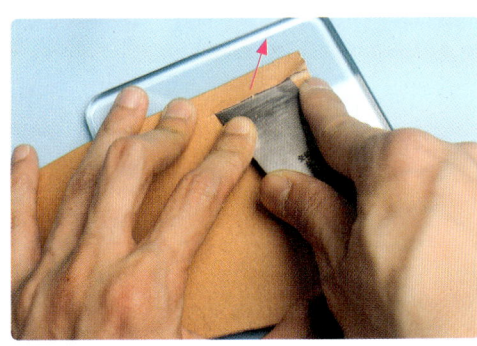 

• 가죽용 대패를 이용한 피할

날의 깊이를 나사로 조절할 수 있어 편리합니다. 종류는 평면, 세로 라운드, 가로 라운드가 있으며 피할 및 접착면의 오차를 깎아낼 때 사용하면 편리합니다.

대패 피할 방법

* 원하는 날의 깊이로 나사를 조절한 후 조여 고정해줍니다(사용하는 가죽의 두께 및 피할할 깊이를 고려하여 조절하는 것이 중요).

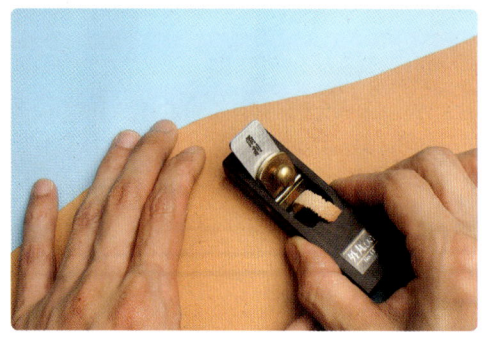 

가죽을 고정시킨 후, 일정 각도로 안쪽으로 당기면서 깎아줍니다.   접착된 재단면의 오차를 다듬을 시 편리합니다.

Tip 사용하지 않을 때에는 날이 나와 있지 않도록 하는 것이 좋습니다.

■ 기타 피할용 공구

• 슈퍼 스키버, 패디, 세이프티 베베러

가죽칼이 능숙치 않은 사람들은 전용 피할 도구를 사용하면 쉽게 피할이 가능합니다. 날은 교체해서 사용합니다. 슈퍼 스키버는 다소 넓은 면적 피할에, 패디는 적은 면적 피할에 사용합니다.

 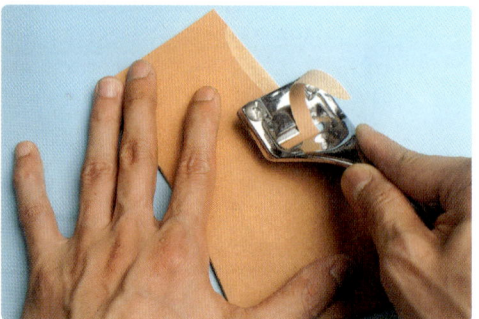

피할할 부분을 표시하고, 유리판 같이 평평한 곳에 올려놓고 경사를 조절하며 당기면서 피할해 갑니다.

3 바느질용 공구

가죽공예를 할 때에는 일반적인 방법과는 다릅니다. 가죽 위에 선을 미리 표시한 후, 선을 따라 구멍을 뚫고 그 구멍에 바느질을 하는 것이 가죽공예의 기본 바느질법입니다. 이와 같은 순서로 하기 때문에 구멍의 간격 및 폭을 일정하게 하는 것이 무엇보다 중요합니다. 물론 바느질하는 것이 중요하지 않다는 것은 아닙니다. 일정한 힘과 정해진 순서대로 균일하게 바느질하는 것 역시 주의를 기울여야 하는 세심한 작업입니다. 하지만 바느질 선과 구멍이 바르게 되어 있다면 바느질은 그만큼 깔끔하고 수월할 수밖에 없습니다.

1) 바느질 선 긋기

- **재단면과 바느질과의 간격**

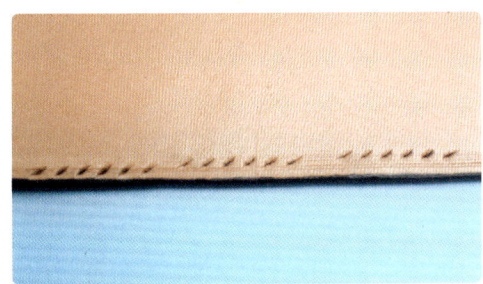

재단면과 바느질 선의 간격은 2~4mm 정도가 적당합니다. 재단면에서 너무 가깝게 선을 그을 경우, 바느질 구멍을 뚫었을 때 재단면이 볼록하게 튀어나올 수 있으니 간격에 유의해야 합니다. 또한 바느질 선이 삐뚤면 바느질 역시 삐뚤게 되므로, 길잡이가 되는 선을 재단면에 따라 바르게 그어 주어야 합니다. 바느질 구멍의 크기 및 실의 굵기를 고려하여 재단면과 바느질 선과의 간격을 조절하는 것이 좋습니다.

- **바느질 선 긋는 도구**

바느질 선을 그어주는 도구에는 스티칭 그루버, 디바이더, 크리저가 있습니다. 각 공구마다 조금씩 특성이 다르니 공구에 대해 알아보겠습니다(한번 그어진 선은 지워지지 않으므로 신중하게 작업해야 합니다).

■ **스티칭 그루버**

가죽에 홈을 파서 실이 홈으로 들어갈 수 있게 해주는 도구입니다. 이 도구를 이용하여 바느질 선을 표시하면 실을 마찰에서 보호할 수 있으며, 고르게 바느질을 할 수 있습니다.

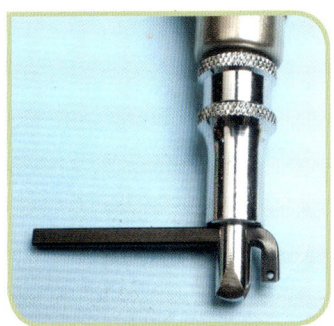

스티칭 그루버 사용 방법

01 고정 나사를 풀어 간격을 조절한 후 고정 나사를 잠급니다.

02 재단면을 따라 바느질 홈을 파줍니다. 가죽의 두께 및 실의 굵기에 따라 2~3회 반복하여 홈의 깊이를 조절해줍니다.

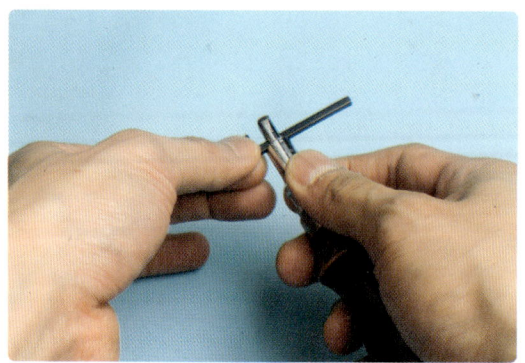

■ 크리저

간혹 지갑의 카드 수납 부분에 선이 그어져 있는 것을 볼 수가 있는데 이는 재단면에 마무리된 느낌을 주거나, 허전한 부분에 장식선의 역할을 하기 위함입니다. 이것이 크리저의 본래 용도이나 바느질 선 표시를 할 때에도 사용 가능합니다. 한쪽 다리가 길고 긴다리가 재단면을 따라가, 짧은 다리가 가죽에 선을 긋는 구조입니다.

크리저 사용 방법

01 나사로 간격을 조절해줍니다.

02 재단면에 오른쪽 다리를 받치고 크리저를 직각으로 세워 선을 그어줍니다.

Tip
본래의 용도는 아래의 사진과 같이 재단면에 마감된 느낌을 주기 위한 장식선을 긋는 용도입니다.

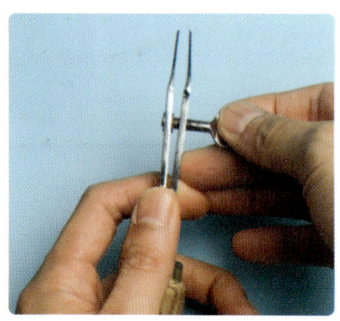
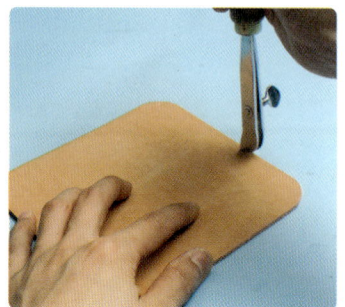

■ 디바이더

바느질 선, 접착선 등의 표시를 할 때, 바느질 간격을 표시할 때, 원을 그릴 때 등 다양하게 사용이 가능합니다.

디바이더 사용 방법

`01` 나사를 돌려 간격 조절합니다.

`02` 가죽의 재단면을 따라서 바느질 선을 그어줍니다.

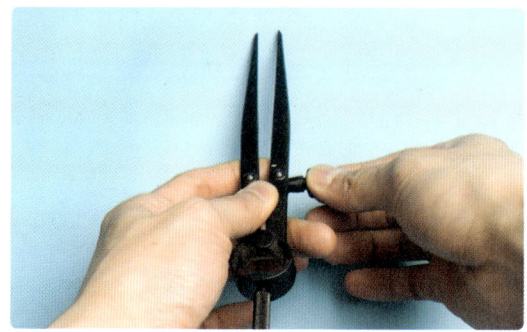
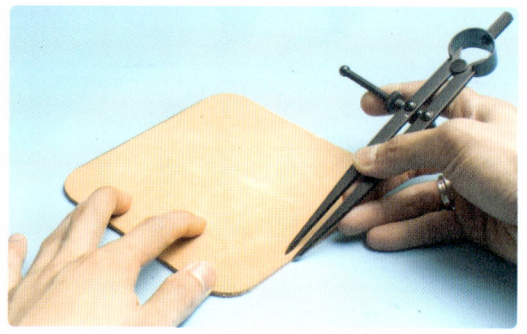

• **스티칭 그루버, 크리저, 디바이더의 바느질 선 차이**

스티칭 그루버는 가죽의 은면을 깎아내는 것이므로 깊고 조금 폭이 있는 홈이 생깁니다.

크리저는 그어주는 횟수 및 힘의 강도에 따라 깊이를 조절할 수 있으며, 디바이더는 가죽에 단순한 선을 그어주게 됩니다.

바느질 시 느낌이 조금씩 차이가 있습니다.

홈이 있는 것보다는 바느질 선만 표시하는 것이 바느질 시 사선 모양이 더 선명합니다.

왼쪽부터 스티칭 그루버, 크리저, 디바이더

2) 바느질 구멍 뚫기

미리 그어놓은 바느질 선을 따라 구멍을 뚫습니다. 앞 뒤 동일한 크기로 가죽에 수직으로 뚫리는 것이 가장 이상적이며 너무 세게 치지 말고 가볍게 여러 번에 걸쳐 충분히 뚫리게 하는 것이 좋습니다. 충분하게 뚫지 않으면 바느질을 할 때 힘이 많이 들게 되며 바느질 구멍을 뚫는 것에 따라 바느질의 모양이 정해지므로 신중하게 뚫어야 합니다.

바느질 구멍을 뚫을 때에는 포크처럼 생긴 다이아몬드 치즐 혹은 치즐을 이용하는데 치즐의 날이 상하지 않도록 고무판을 받쳐주고 망치로 가격하여 구멍을 뚫어줍니다. 가격하는 망치는 목재 혹은 가죽으로 된 망치를 사용하는 것이 좋습니다. 고무와 같은 탄력이 있는 망치는 튕겨나가는 느낌이 있어 별로 권하지 않습니다.

■ **망치와 고무판**

■ **다이아몬드 치즐**

바느질용으로 다이아몬드(사선) 형태의 구멍을 뚫을 때에 사용합니다. 치즐의 날 간격에 따라 받을 수 있는 힘과 느낌 또한 다르므로 제작 용도에 맞춰 바느질 구멍의 간격을 생각해 치즐을 선택하는 것이 중요합니다.

종류에 따라 1날~10날까지 있으며 날 크기는 약 1.5~3mm, 날 중심에서 중심까지의 간격은 약 3~6mm 정도가 있습니다. 날의 폭은 초보자일 경우 소품에는 3~4mm, 가방 등에는 5~6mm 정도를 사용하면 됩니다.

첫 술에 배부를 수는 없으니 여러 가지 작품을 제작해보면서 원하는 간격을 찾아보세요. 제조업체 및 제조 공정에 따라 사이즈 및 날의 모양 등에도 조금씩 차이가 있습니다.

 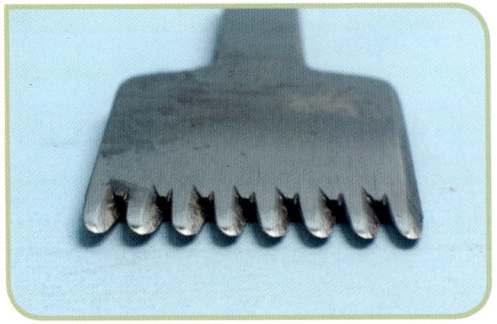

* 목타, 그리프 등 다양하게 불리는 다이아몬드 치즐은 그리프는 프랑스 제품명이며, 목타(目打ちメウチ)는 일본말이며 일자구멍을 뚫는 도구라는 뜻으로 잘못된 표현입니다.

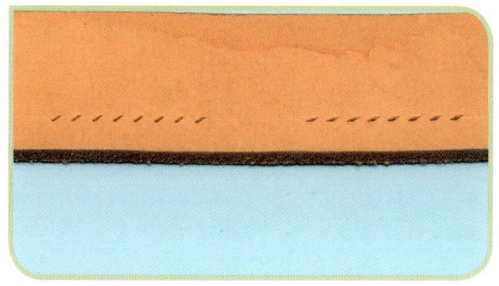

유럽식은 날이 완전히 사선이며 일본, 미국식은 날이 다이아몬드 형태에 가깝습니다.

구멍 뚫을 시 유의 사항

* 다이아몬드 치즐을 직각으로 잡아주는 것이 중요합니다. 특히 두꺼운 가죽의 경우, 직각으로 잡지 않게 되면 반대편의 뚫린 구멍이 삐뚤삐뚤해질 수 있습니다.
* 초보자는 세로로 직각을 확인하며, 구멍을 뚫어 주고, 익숙해지면 가로로 잡고 바느질 선을 확인해 가며 뚫어주는 것이 좋습니다.

• 바느질 구멍의 앞과 뒤

 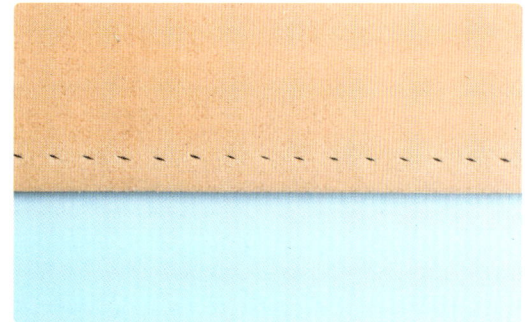

Hand sewing Leather Craft

다이아몬드 치즐로 구멍 뚫기

직선은 날 수가 많은 다이아몬드 치즐을 이용하여 한 구멍씩 걸쳐가며 뚫어 줍니다. 다이아몬드 치즐의 모양을 보면 오른쪽 밑으로 대각선 방향입니다.

그래서 곡선 구멍을 뚫을 시에는 시계 방향보다는 반시계 방향으로 진행하는 것이 이상적입니다.

완만한 곡선의 경우에는 반시계 방향으로 구멍을 걸쳐가며 뚫어 주고, 급격한 곡선의 경우에는 상황에 따라 걸쳐 뚫게 되면 구멍이 커질 수 있으므로 표시를 하고 따로 뚫어주는 것이 좋습니다.

01 직선은 날이 많은 걸로 뚫어줍니다.

02 한 구멍씩 걸쳐가면서 일정한 간격을 유지하여 구멍을 뚫어줍니다.

03 곡선은 두 날 혹은 한 날로 뚫어줍니다. 두 날은 한 구멍씩 걸쳐가면서 뚫어 주고, 한 날 자리는 디바이더로 구멍을 표시해가며 뚫어줍니다.

• 바느질 구멍 간격 맞추기 – 타협하는 방법

01 직선 부분에서 시작하여 좌측으로 진행하여 구멍을 뚫어줍니다.

02 이대로 계속 진행을 할 경우, 마지막 구멍 간격이 불확실해지는데 대략 10cm 정도 남기고 바느질 구멍 간격을 확인해야 합니다.

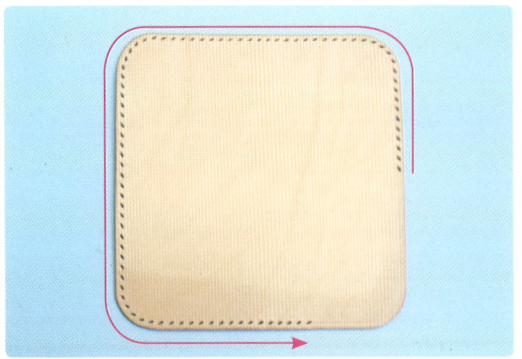
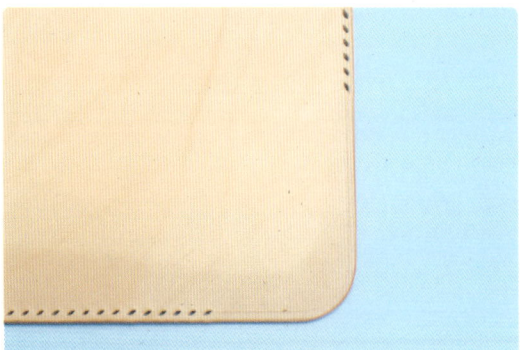

| 03 | 시작 위치에서 다이아몬드 치즐을 이용하여 구멍을 표시하여 간격이 일정한지 확인합니다.

| 04 | 직선은 날 수가 많은 다이아몬드 치즐로, 곡선은 두 날로 표시를 합니다.

| 05 | 표시된 구멍이 간격이 일정하면 표시된 대로 구멍을 뚫어주고, 간격이 좁거나 넓은 경우에는 한 번에 맞추지 말고 표시된 부분에 점차적으로 맞아갈 수 있도록 간격을 넓히거나 좁혀가면서 마지막 구멍에서 정확히 맞을 수 있도록 해줍니다.

| 06 | 표시를 따라 구멍을 뚫어줍니다. 간격이 최대한 일정하도록 뚫어줍니다.

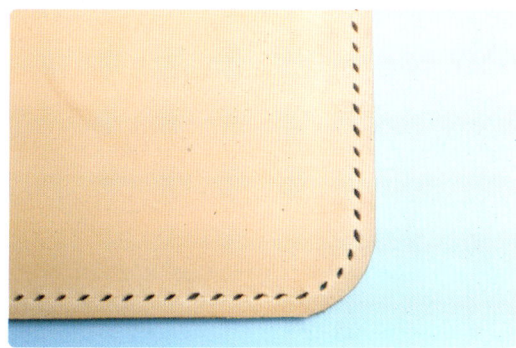

| Tip | 스티칭 룰렛을 이용하여 미리 바느질 구멍을 표시하여 확인해 볼 수 있습니다.

- 도안 제작 시 구멍을 미리 표시하여 구멍 맞추기

| 01 | 도안 제작 시 다이아몬드 치즐과 동일한 사이즈로 구멍을 표시합니다.

| 02 | 라운드 송곳 혹은 다이아몬드 치즐로 표시합니다.

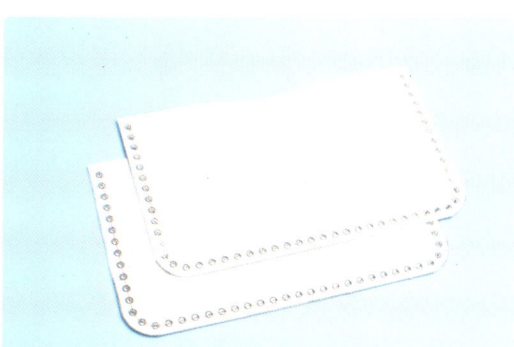
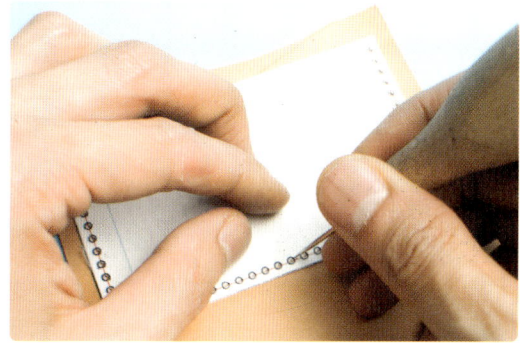

Hand sewing Leather Craft

03 양면이 바느질 구멍을 뚫은 면이 되어 바느질이 양쪽 다 사선으로 나옵니다.

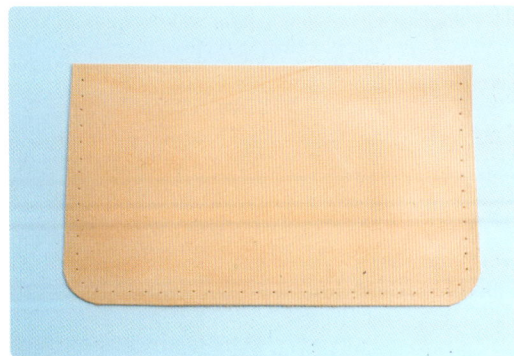 

• 수납 공간 등 접착으로 층이 있을 경우, 바느질 구멍 뚫는 법

01 작업을 하다 보면 접착으로 인해 한쪽 면의 층이 높은 부분이 있습니다.

02 겹쳐지는 가죽이 찢어지지 않도록 하기 위해서는 사진과 같이 겹치는 부분을 구멍 사이에 두고 뚫어야 합니다.

 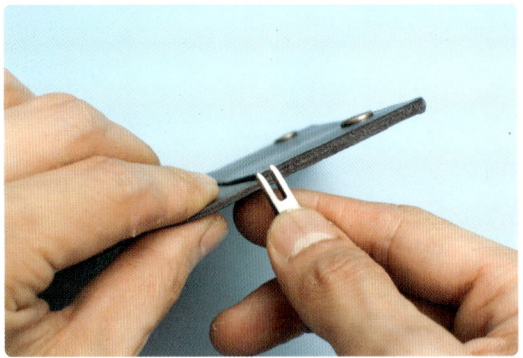

03 뚫을 위치를 표시해줍니다.

04 접착이 되어 층이 있으므로, 동일한 두께의 가죽을 받치고 깔아야 가죽이 눌리지 않고 구멍이 뚫립니다.

05 안쪽에 접착된 층이 있는 부분이 찢어지지 않도록 합니다.

3) 기타 바느질용 공구

■ 다이아몬드 펀치

소음 없이 구멍을 뚫을 수 있는 다이아몬드 펀치도 있습니다.

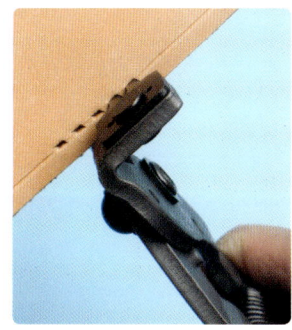

펜치식으로 되어 있어 간단히 구멍을 뚫을 수 있습니다.

■ 스티칭 룰렛

바느질 간격을 미리 표시해 주는 도구입니다. 톱니의 사이즈는 3, 4, 5, 6mm가 있습니다.

스티칭 룰렛 사용 방법

01 미리 그어놓은 선을 따라 톱니를 굴려 바느질 구멍 뚫을 점을 표시해줍니다.

02 3, 4, 5, 6mm 간격으로 표시하는 것이 가능합니다. 톱니를 굴릴 때 한 번에 빠르게 돌리면 삐뚤어질 수 있으니, 천천히 힘 있게 눌러주면서 자국을 남깁니다.

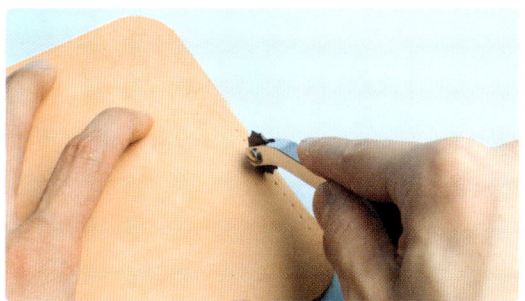
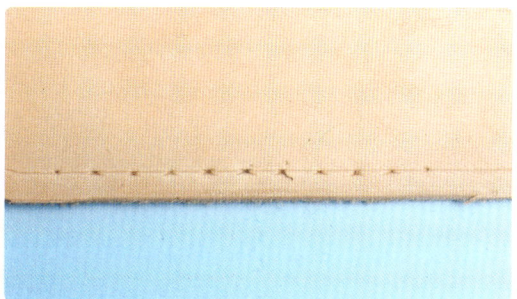

■ **다이아몬드 송곳**

박스형 작품을 제작하거나 가죽이 두꺼워 구멍이 뚫리지 않을 때에 사용합니다. 또한 가방 등의 겉면에 바느질 구멍을 미리 뚫은 후 옆면을 부착하여 겉면의 구멍과 만나는 부분에 같은 구멍을 뚫을 때에도 사용합니다. 다이아몬드 치즐과 동일한 모양으로 구멍을 뚫을 수 있는 도구입니다.

 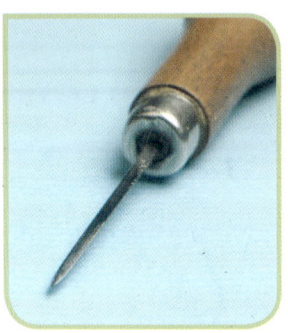

다이아몬드 송곳 사용 방법

01 박스 스티칭과 같은 형식의 바느질을 할 때, 바느질 구멍을 뚫을 시 사용합니다.

02 바느질 시 구멍이 너무 작아서 바늘이 잘 빠지지 않을 때, 다이아몬드 송곳으로 구멍을 다시 뚫어줍니다.

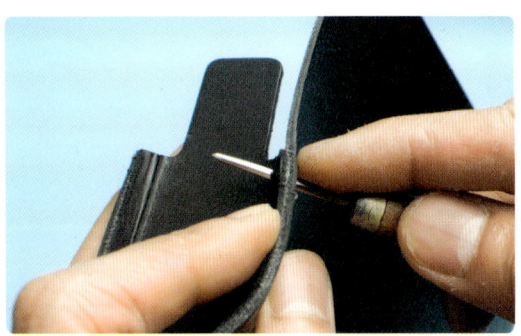 

■ **바늘**

구멍을 미리 뚫고 그 구멍에 바느질을 하는 것이므로 끝이 뾰족하지 않고 동그랗게 만들어져 있습니다. 사이즈는 대, 중, 소가 있습니다. 실의 굵기 및 바느질 구멍의 크기에 따라 사이즈를 선택하면 됩니다.

Tip 바늘은 동그랗게 만들어져 가죽을 뚫을 수는 없으나 손에 찔릴 수 있으니 주의하세요.

 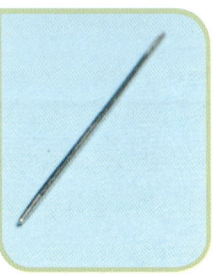

4) 실

실은 천연섬유인 마 실(리넨, 라미)과 합성섬유인 나일론 실, 폴리에스테르 실이 사용됩니다. 나일론 실과 폴리에스테르 실은 튼튼하고 보풀이 일어나지 않는 장점이 있는 반면 실이 투명하여 인공적인 느낌을 주지만, 마 실은 합성섬유 계열의 실보다는 약하고 보풀이 일어나긴 하지만, 가죽과 조화되면 따뜻한 느낌을 줍니다.

■ 천연섬유 -마 실(리넨, 라미)

마 실은 여러 갈래의 마가 꼬아져 있는 천연섬유 중 매우 튼튼한 실입니다. 색상 및 굵기 등이 다양하므로 가죽의 색상과 바느질 구멍의 크기에 따라 자유롭게 선택하여 사용하면 됩니다(리넨과 라미는 마 종류의 차이입니다).

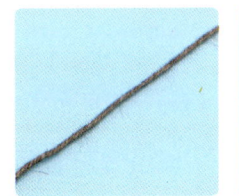
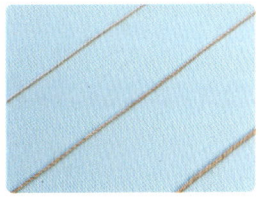

■ 합성섬유 - 나일론 실(시뉴)

시뉴는 인조 섬유로 굉장히 튼튼합니다. 시뉴는 올이 꼬아져 있지 않아 갈라서 두께를 조절하여 사용할 수 있습니다.

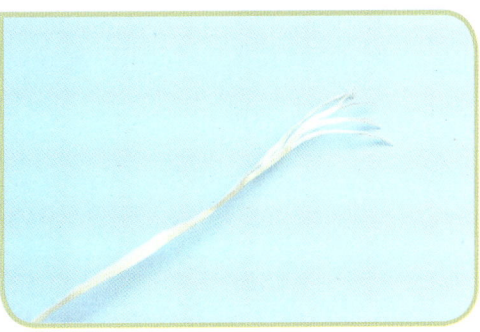

■ 합성섬유 - 폴리에스테르 실(비니모)

비니모는 나일론 실과 마찬가지로 굉장히 튼튼하며 수축이 작은 것이 특징입니다. 색상도 다양하게 있습니다.

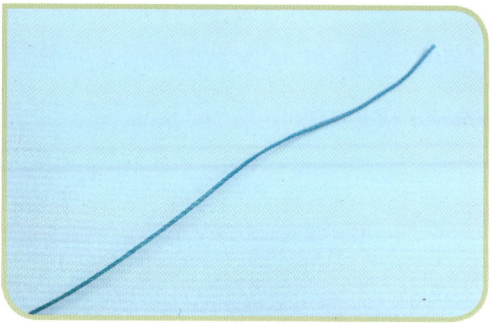

5) 바느질용 왁스

실에 보풀이 일어나는 것을 방지하고, 끈적임을 적당히 주어 바느질할 때 느슨해지지 않도록 합니다. 또한 왁스를 사용함으로써 방수 효과가 생겨 실의 오염을 차단하며, 실의 강도를 높여주는 역할도 합니다.

■ 밀랍 · 바느질용 왁스

왁스를 실에 바르는 방법

01 밀랍 혹은 바느질용 왁스를 여러 번 묻혀줍니다.

02 왁스는 실 끝에서부터 10cm 정도를 잡았을 때 힘이 있게 서는 정도로 발라 주면 적당합니다.

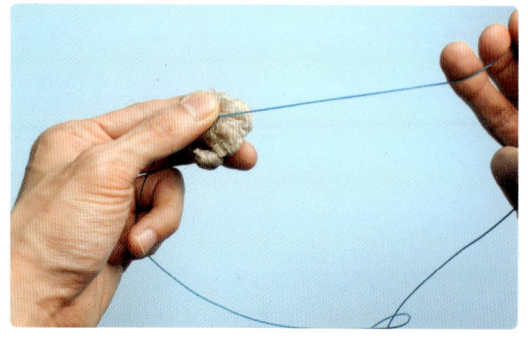
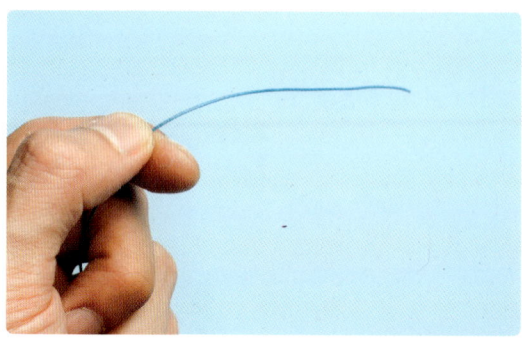

 **TIP**

바느질을 계속 하다 보면 마찰에 의해 왁스가 벗겨지니 다시 작업해 줍니다.

• 바늘에 실 꿰기

01 바늘 두 개와 왁스를 묻힌 실을 준비합니다.

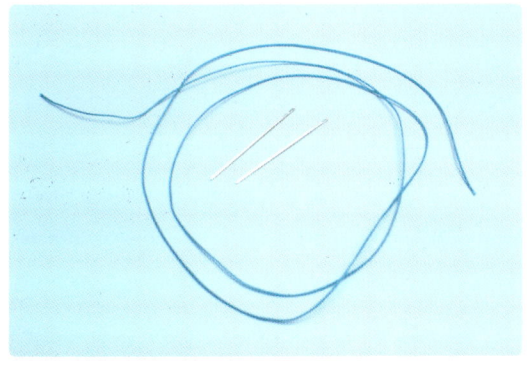

02 바늘의 귀에 실을 껴줍니다.

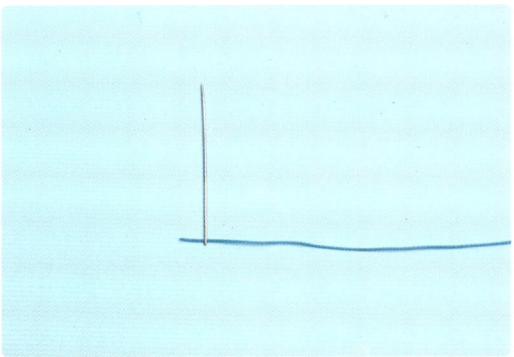

03 실의 중간 정도에 바늘을 관통시켜줍니다.

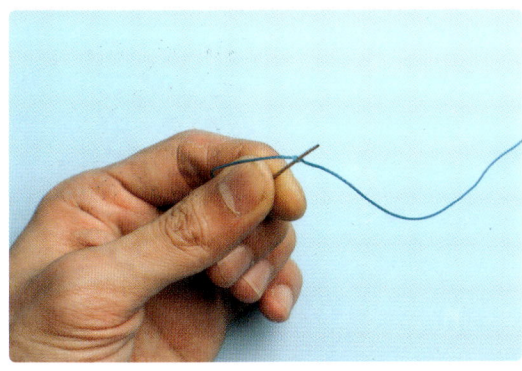

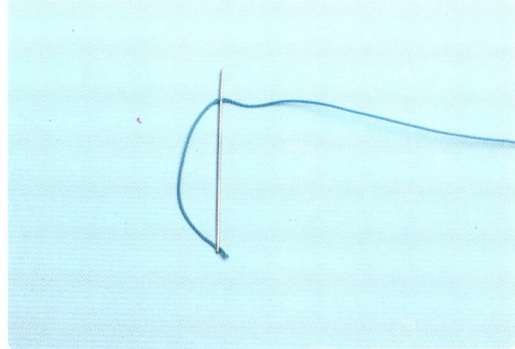

04 5mm 정도 간격으로 실에 바늘을 3~4회 관통시킵니다.

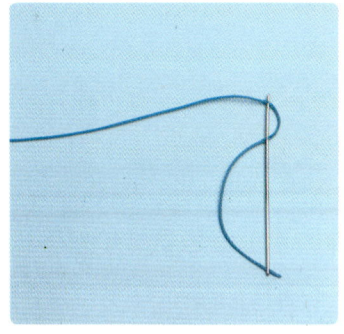 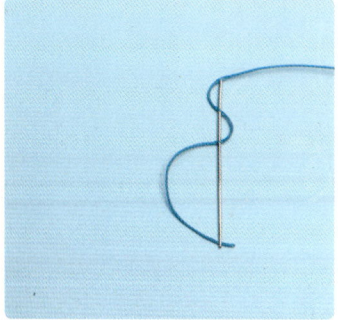 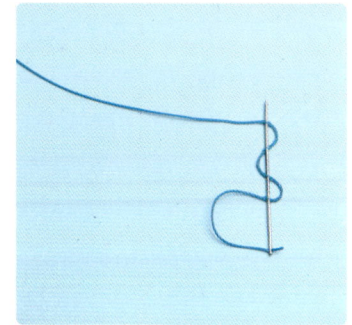

05 처음 관통된 부분이 바늘귀 가까이 오도록 바늘귀 부분의 실을 밑으로 당겨줍니다.

06 관통된 쪽의 실을 아래로 당겨줍니다.

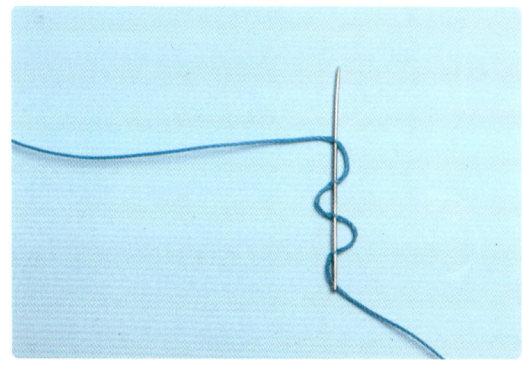 

Tip 실이 가늘 경우에는 관통시키는 횟수를 증가시키고, 두꺼울 경우에는 3번 정도만 관통시키면 빠질 염려가 없습니다.

07 당겨준 사진. 실의 반대쪽도 동일한 요령으로 바늘을 끼워줍니다.

08 동일한 방법으로 반대쪽에도 바늘을 꿰어줍니다.

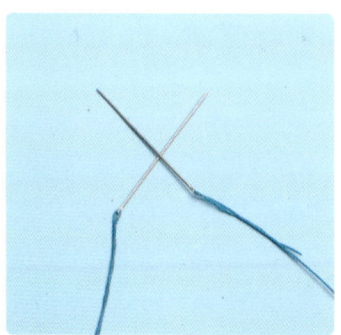 

실끼우기

• 마 실 얇게 하기

바늘에 실을 꿰는 부분은 실이 이중으로 됩니다. 굵은 실을 사용할 때는 이 이중으로 된 부분이 너무 굵어져 구멍에 잘 들어가지 않을 수 있습니다. 이럴 경우에는 바늘에 꿰는 부분의 실을 얇게 해주는 것이 좋습니다.

01 실의 8~10cm 부분을 라운드 송곳으로 누릅니다. 실을 당겨가며 올을 풀며 긁어 주어 얇게 해줍니다.

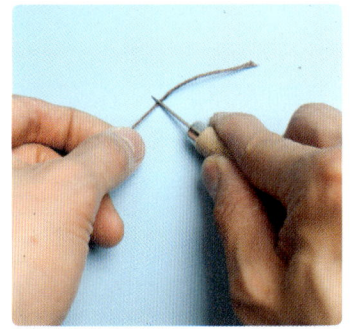  

02 바느질용 왁스를 묻혀서 바늘을 꿰어주면 됩니다.

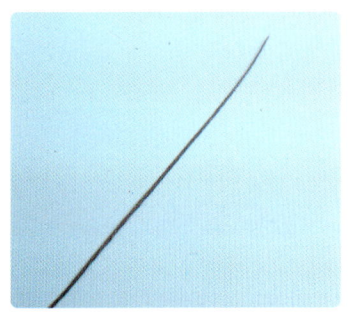 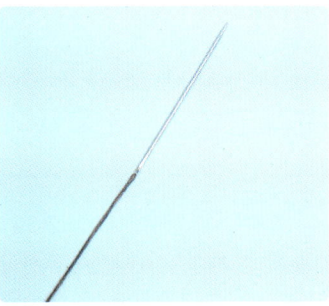

■ 펜치

바늘이 잘 나오지 않을 경우, 바늘을 좌우로 틀면서 빼려고 하면 바늘귀가 얇아 부러질 수 있으니 펜치를 이용하여 수직으로 잡아 빼주는 것이 좋습니다.

 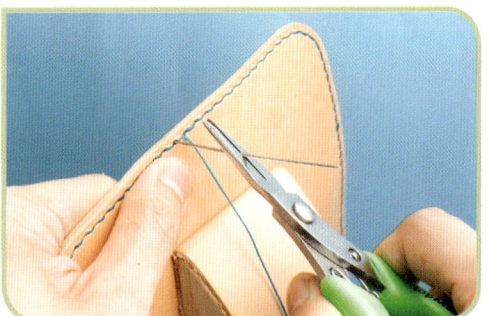

■ 스티칭 트리, 스티칭 호스, 테이블 포니

고정이 안 된 상태로 바느질을 하게 되면 작업 능률도 저하되며, 바느질로 인해 손에 왁스가 묻은 상태에서 가죽을 자꾸 만지게 되면 가죽 또한 더러워집니다. 따라서 고정을 해줄 수 있는 도구를 활용하면 쉽고 빠르며 깨끗하게 바느질을 할 수 있습니다.

• 바느질 간격과 실의 굵기

처음 가죽공예를 접한 사람은 다이아몬드 치즐과 실 굵기의 선택을 어려워하는데 보통 소품 제작 시 3~4mm 정도를 사용하면 되고, 가방 등에는 4~5mm 정도가 적당합니다.

6mm 정도는 간격이 굉장히 넓어 두껍고 큰 작품에 좋습니다. 초보자라면 소품에도 가방에도 무난한 4mm 정도 사이즈와 20번 정도의 굵기를 사용하는 것이 가장 무난한 선택이 될 것 같습니다. 하지만 이런 바느질 간격 및 실 굵기는 지극히 개인의 취향에 따라 선택을 하여도 됩니다.

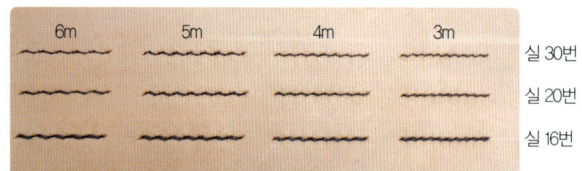

차차 여러 가지 방법으로 작업을 해나가다 보면 제작하는 작품이 힘을 어떻게 받을지 어떤 부분이 좀 더 간격이 넓어야 될지 등을 경험으로 알 수 있게 될 것입니다.

• 실 길이 측정

실 길이는 가죽의 두께가 2mm 정도일 경우 총 바느질 길이의 4~5배 정도로 하면 넉넉합니다. 길이 측정 시 양팔 너비보다 길어지면 양팔 너비의 길이만큼만 바느질하고 나머지는 이어서 하는 것이 좋습니다. 만약 실의 길이가 양팔 너비보다 넓어지면 바느질 시 실이 꼬여 불편하고, 실 또한 때가 많이 타게 됩니다.

6) 바느질

01 바느질 구멍을 뚫은 가죽과 바늘 두 개를 양 끝에 꿴 실을 준비합니다(바느질용 왁싱 처리된 실).

02 바느질 방향은 화살표와 같이 진행합니다.

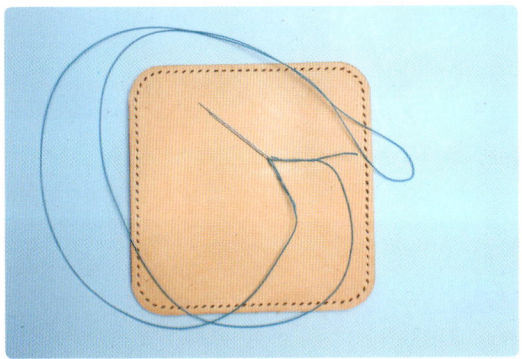
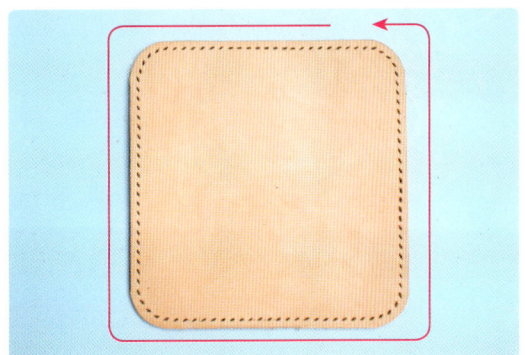

03 스티칭 트리에 고정시킬 때에는 다이아몬드 치즐로 구멍 뚫은 면을 오른쪽으로 끼우고, 몸 안쪽으로 바느질합니다.

04 바늘 두 개를 같이 잡고 실의 중간을 맞춥니다.

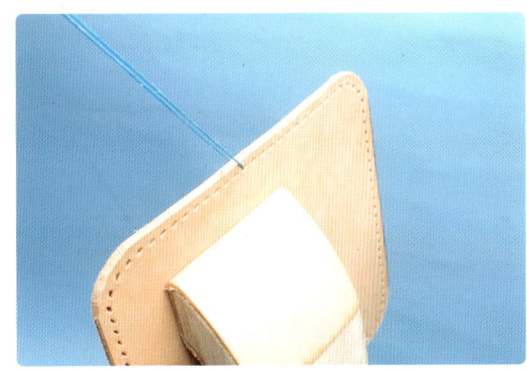

05 양손에 바늘을 하나씩 잡고 바느질을 시작합니다.
왼쪽 바늘 ❶ 오른쪽 바늘 ❷

06 바늘❶을 왼쪽에서 집어넣습니다.

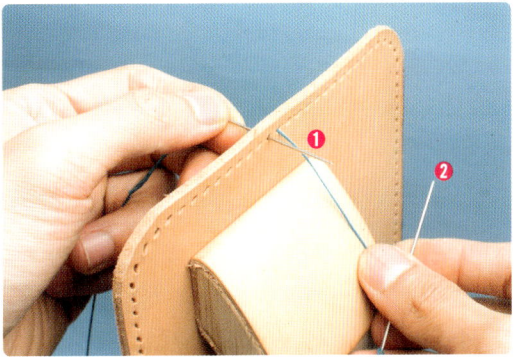

■ 07 왼쪽에서 집어넣은 ❶ 바늘을, ❷ 바늘을 잡은 오른손으로 사진과 같이 십자 모양이 되도록 잡습니다(이때 ❶ 바늘을 위로 잡습니다).

 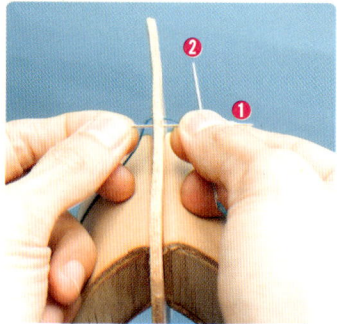 

■ 08 ❶과 ❷ 바늘을 잡은 오른손으로 ❶ 바늘을 잡아당겨 빼줍니다.

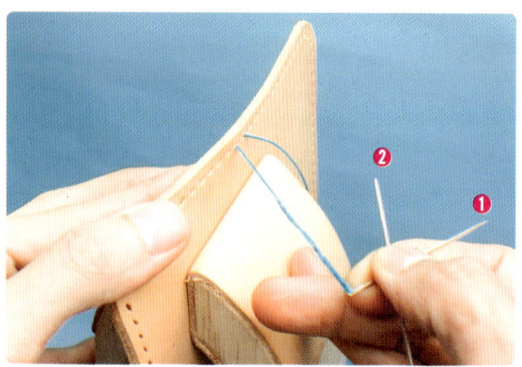

■ 09 ❶과 ❷를 잡은 상태에서 ❶이 통과한 바느질 구멍으로 ❷ 바늘을 ❶ 바늘에 연결된 실보다 같은 구멍의 앞쪽으로 집어넣습니다. 이때, ❷ 바늘이 ❶ 바늘에 연결되어 실의 중간을 관통하지 않도록 조심합니다.

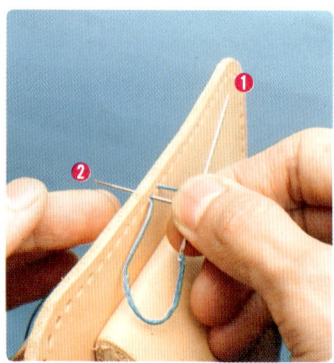 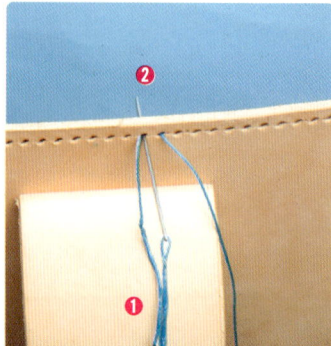 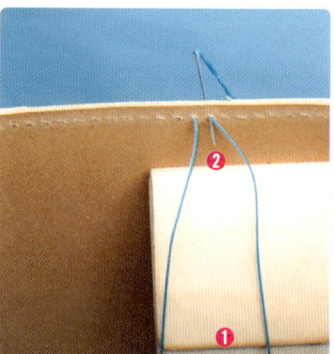

10 왼쪽으로 나온 ❷ 바늘을 왼손으로 잡습니다.

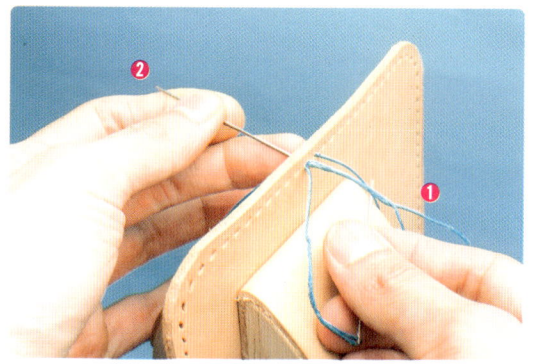

바느질

11 통과된 바늘을 양손으로 당겨서 실을 당겨 조입니다. 가죽이 얇을 시에는 너무 세게 잡아 당기면 가죽이 울게 되니 주의하세요. 같은 요령으로 이번에는 ❷ 바늘을 먼저 집어넣고 바느질해 갑니다.

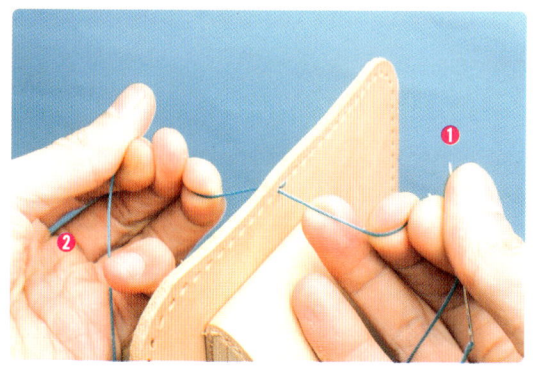

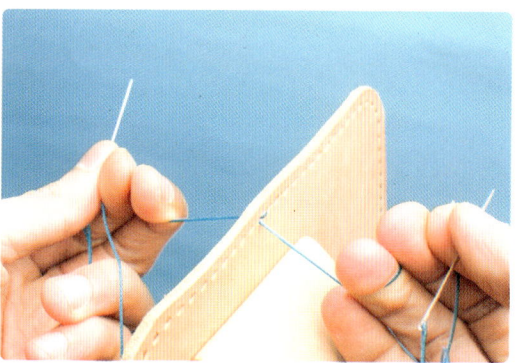

Tip 이 방법은 바느질 시 양손에서 바늘을 놓지 않기 위한 방법입니다. 바늘을 놓치면 실이 꼬이고 그 바늘을 찾는 데 시간이 걸리기 때문입니다.

12 동일한 요령으로 바느질을 이어서 합니다.

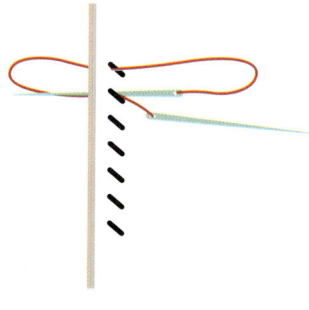

가죽의 공구 사용 | 57

Hand sewing Leather Craft

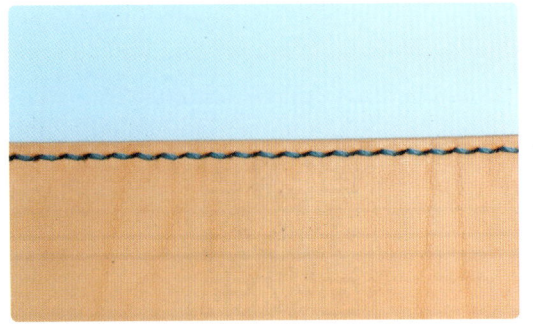
바느질 앞

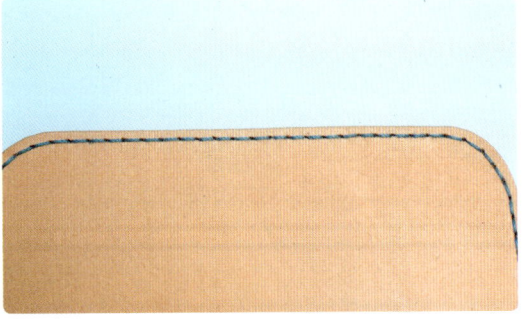
바느질 뒤

• **이중 바느질**

개폐가 되거나 힘을 받는 부분은 실을 이중으로 바느질하는 것이 좋습니다.

01 양손의 바늘을 잡아당겨 실의 중심을 맞춥니다.

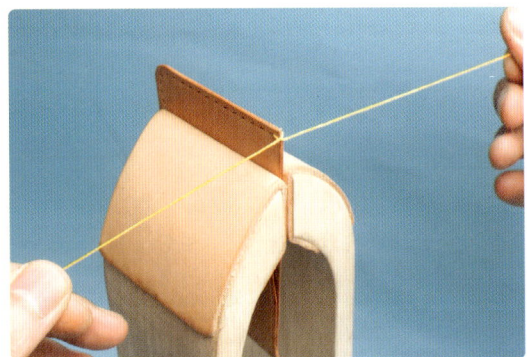

02 양손의 실을 위로 한 바퀴씩 돌려 이중으로 되게 합니다.

이중 바느질

03 기본 바느질과 동일하게 바느질해 나갑니다.

04 이중으로 바느질된 사진

 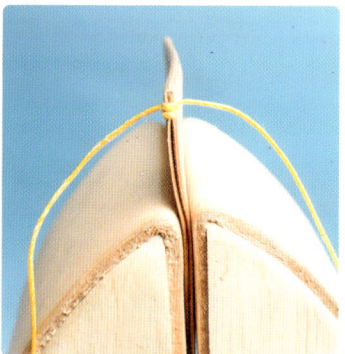 

7) 바느질 마감 1

01 한 바퀴 돌아서 제자리로 옵니다.

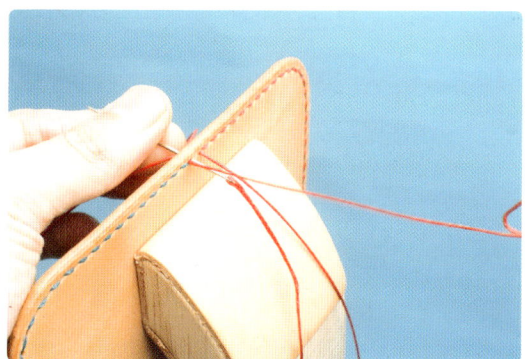

02 마지막까지 바느질합니다.

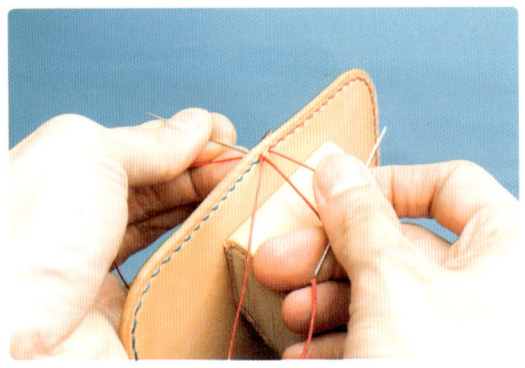

03 처음 시작 부분에서 다시 좌측부터 바늘을 넣어줍니다. 이때 중요한 것은 기존에 들어간 바느질 모양과 동일하게 넣어 주면서 바늘이 실 사이로 관통되지 않게 해주는 것이 중요합니다.

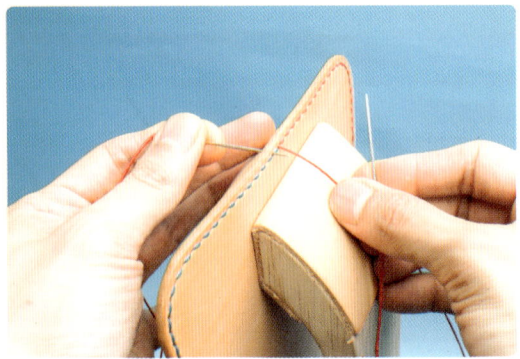

04 오른쪽 바늘을 같은 구멍에 넣습니다.

05 끝까지 실을 빼줍니다. 동일한 방법으로 한 구멍 더 되돌아 갑니다.

06 마지막 세 번째도 동일하게 왼쪽에서 바늘을 넣어줍니다.

07 실을 완전히 빼지 말고, 구멍으로 들어가는 부분에 사이비놀을 바릅니다.

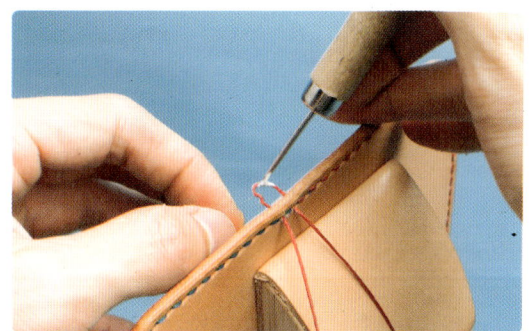

08 실을 잡아당겨줍니다.

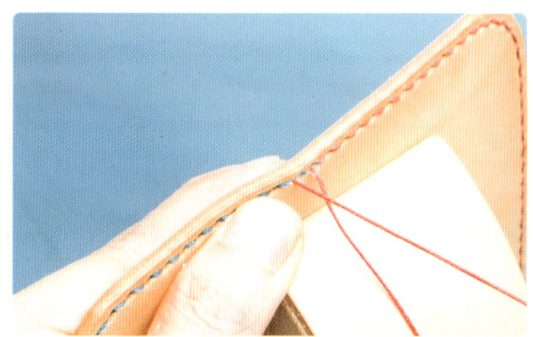

09 오른쪽에서도 바늘을 집어넣습니다.

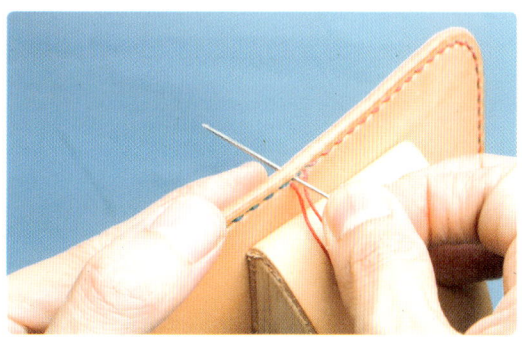

10 좌측과 동일하게 사이비놀을 바릅니다.

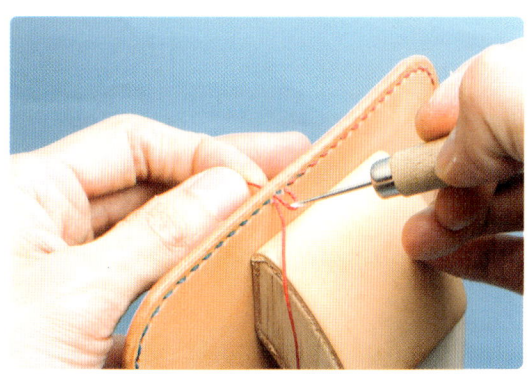

11 실을 양쪽에서 잡아당겨줍니다.

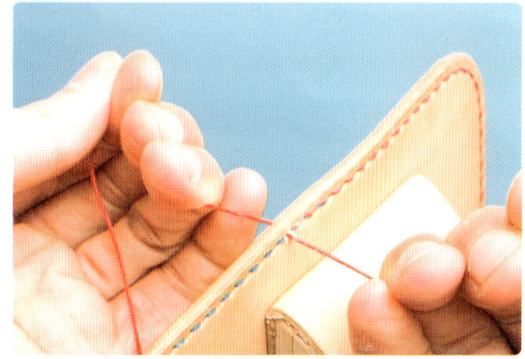

Hand sewing Leather Craft

■ 12 이중으로 세 땀이 더 가서 마감된 바느질입니다.

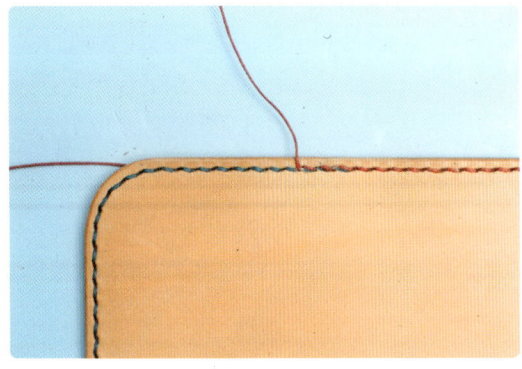

*바느질 마감

■ 13 실은 바싹 잡아당겨 끊어줍니다.

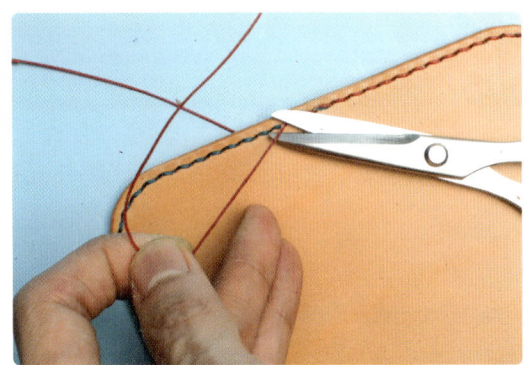

TIP

연결이 안 된 바느질은 동일한 방법으로 세 땀을 되돌아갑니다.

8) 바느질 마감 2

01 구멍이 3개가 남을 때까지 바느질해 줍니다.

02 바늘❶을 왼쪽에서 넣어줍니다.

03 왼쪽에서 넣은 실을 오른손으로 끝까지 당겨줍니다.

04 바늘❶을 다음 구멍에 넣습니다.

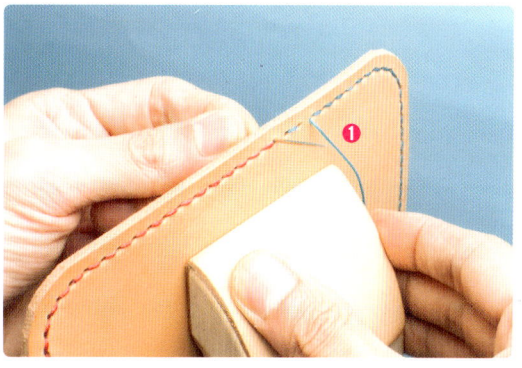

05 실을 당겨 끝까지 빼줍니다.

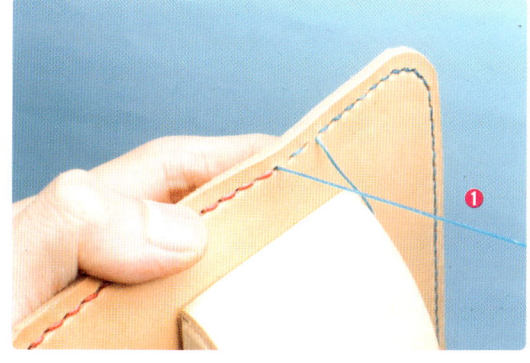

06 바늘❶을 한 바느질 되돌아가서 실을 당겨 끝까지 빼줍니다.

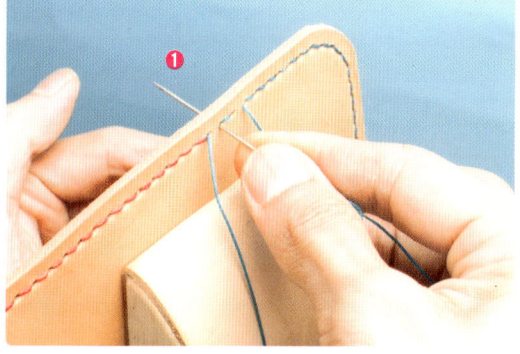

07 다음 구멍에 바늘을 넣은 후 실을 끝까지 당기지 말고 사진과 같이 남겨줍니다.

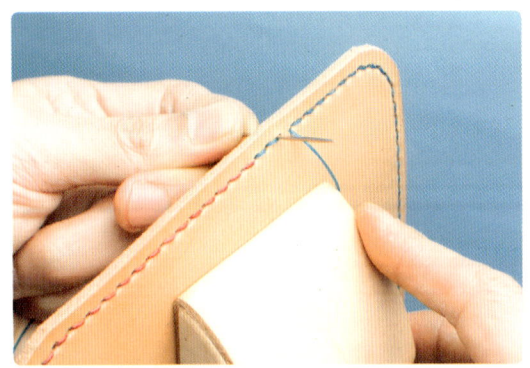 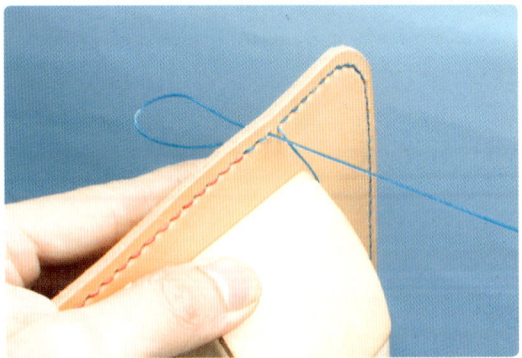

08 바늘❷를 오른쪽에서 다음 구멍으로 넣어줍니다.

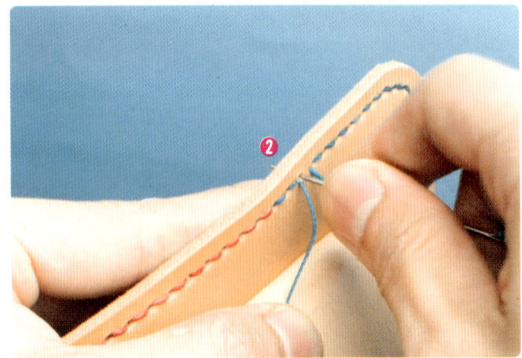

09 같은 구멍의 앞쪽으로 넣어줍니다.

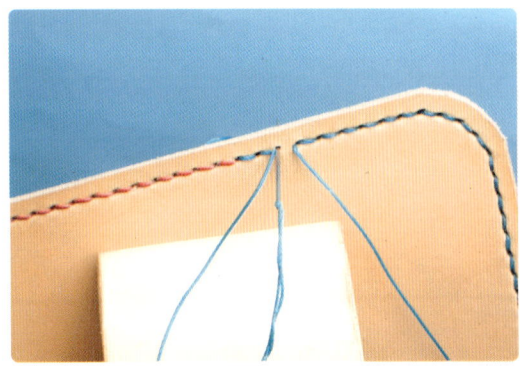 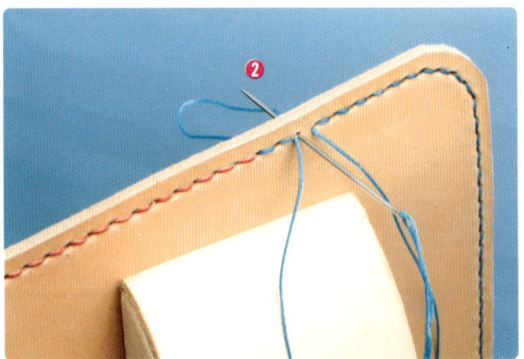

10 바늘❷를 왼쪽에 있는 실의 밑에서 위로 한 바퀴 감아줍니다.

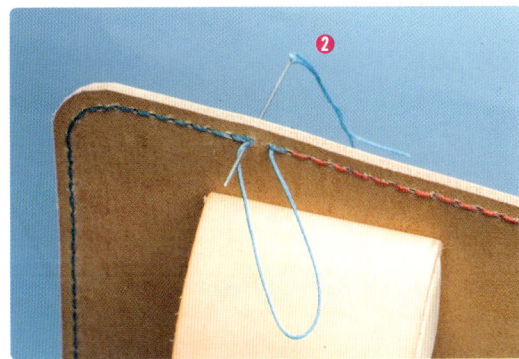

11 완전히 당기지 말고 사진과 같이 실을 어느 정도 남겨놓고, 바느질 구멍에 들어가는 부분에 사이비놀을 발라줍니다.

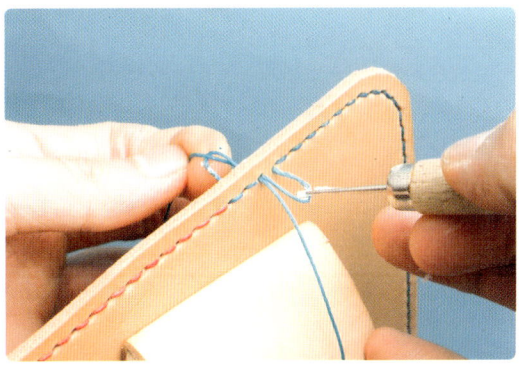

12 바느질 구멍에 들어가는 부분에 사이비놀을 발라줍니다. 실을 양쪽에서 당겨줍니다. 삐져나온 사이비놀은 닦아냅니다.

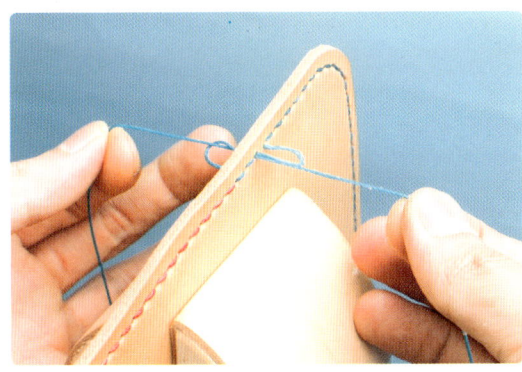

13 실이 나온 구멍에서 하나 앞쪽 구멍으로 대각선 방향으로 라운드 송곳으로 구멍을 뚫어줍니다.

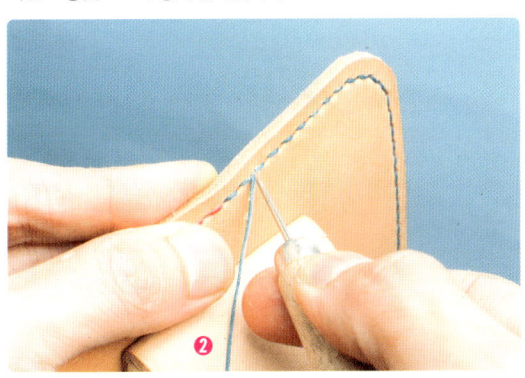

14 이때 중요한 것은 바느질 모양이 있으니, 앞쪽에서는 송곳이 실의 윗부분을 뚫어줍니다.

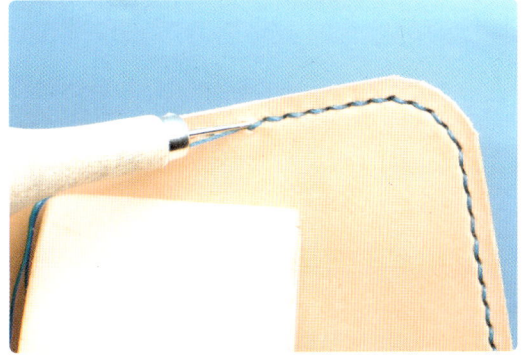

Hand sewing Leather Craft

▩ 15 뒤쪽에서는 기존의 바느질된 실보다 밑으로 나오게 구멍을 뚫어줍니다.

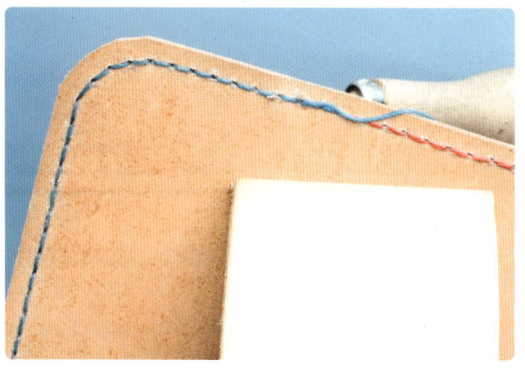

▩ 16 라운드 송곳으로 뚫은 구멍으로 바늘❶을 집어넣습니다.

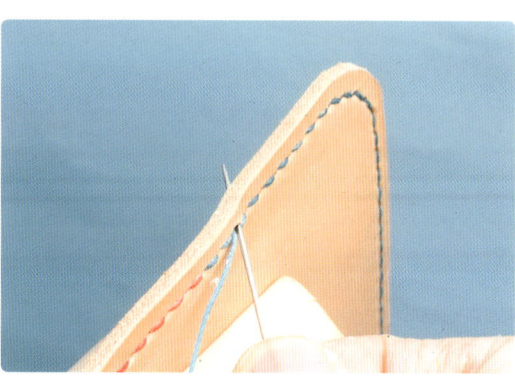

▩ 17 실을 다 빼지 말고 조금 남깁니다.

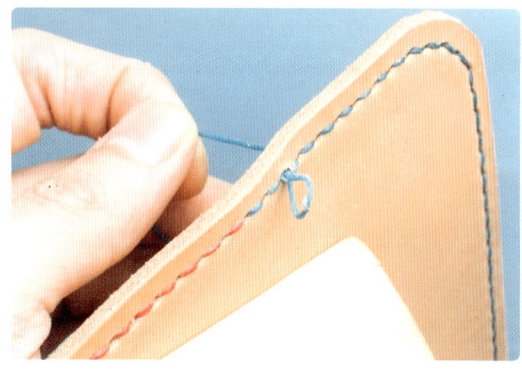

▩ 18 바느질 구멍에 들어가는 부분의 실에 사이비놀을 발라준 후, 끝까지 잡아 당겨줍니다.

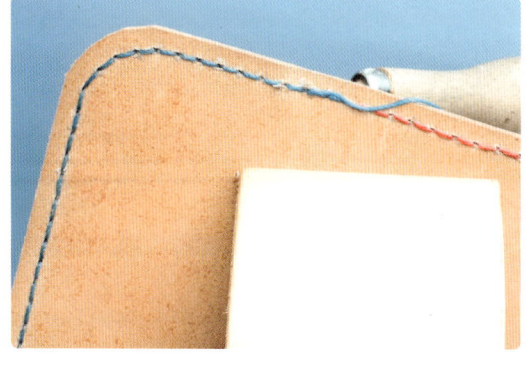

▩ 19 뒤쪽에 남은 실은 잡아 당긴 후 가위로 잘라줍니다.

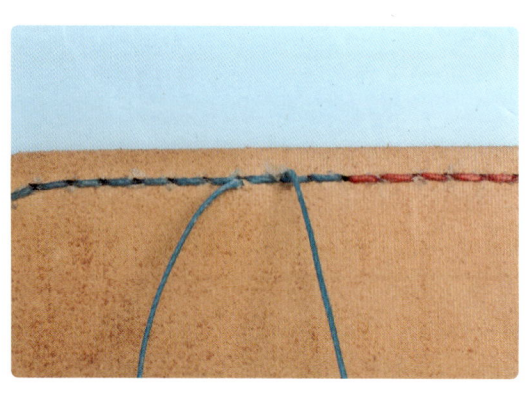
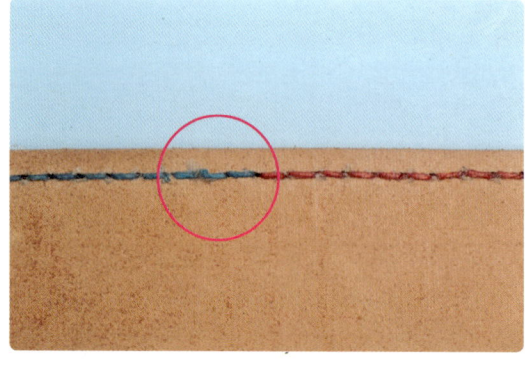

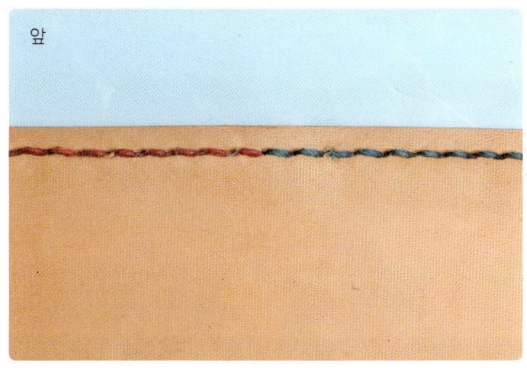
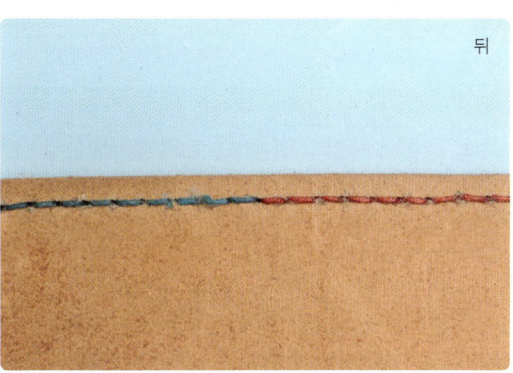

TIP 합성섬유(나일론 실, 폴리에스테르 실) 실의 마감 방법

01 합성섬유의 경우에는 사이비놀을 바르지 않고, 라이터의 불을 최대한 작게 하여 끝을 녹여 주면 실이 빠지지 않습니다. 동일한 요령으로 바느질을 마감합니다.

02 2mm 정도 남기고 실을 끊어줍니다.

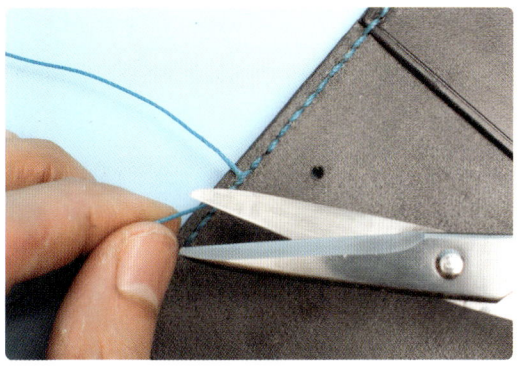

03   남은 실은 라이터로 녹여줍니다.

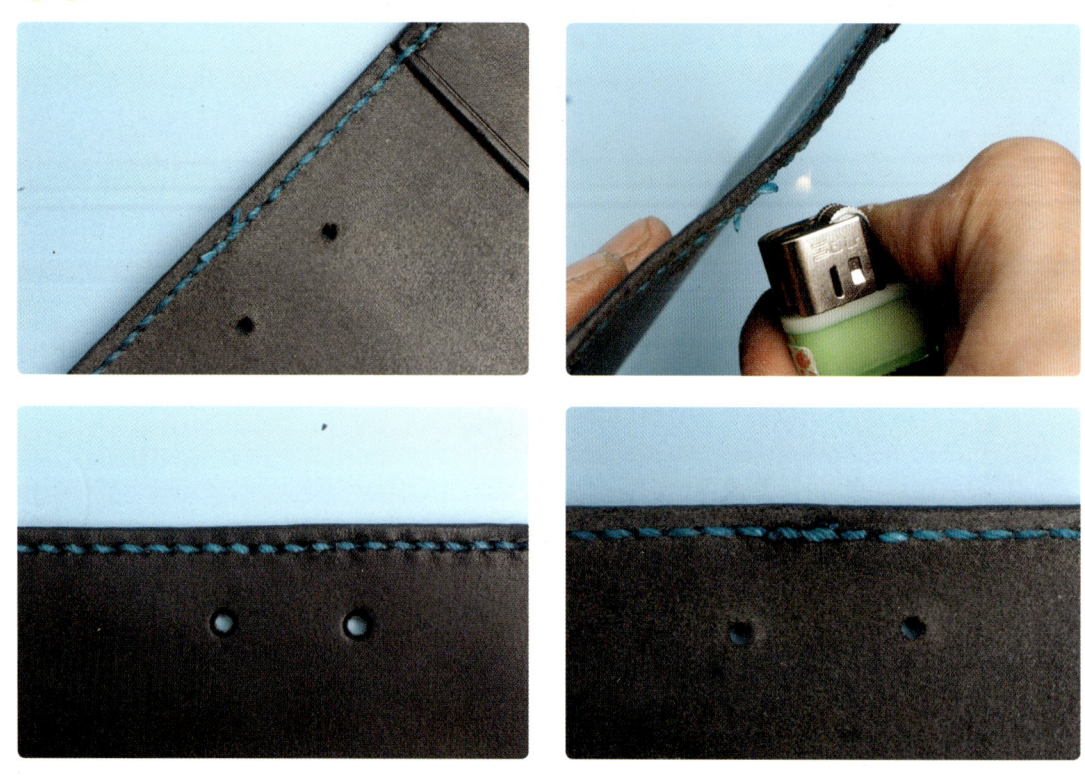

9) 바느질 이어서 하기 1
바느질을 하다 보면 바느질 범위가 넓어 실의 길이가 모자랄 경우에 이어서 하기를 해보겠습니다.

01   실이 모자라면 새로운 바늘을 꿴 실을 준비하고, 기존에 하던 바느질을 재단면 쪽으로 묶어줍니다.

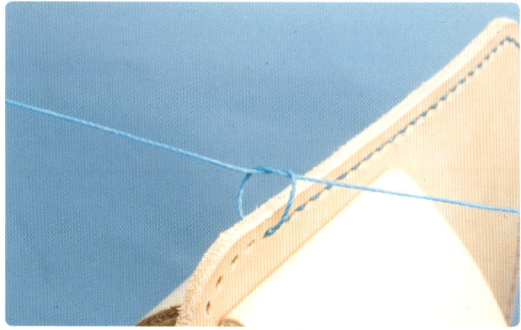

* 너무 세게 당기면 재단면에 자국이 남을 수 있으니 적당한 힘으로 묶고 바느질에 방해가 되지 않도록 실을 앞쪽으로 해놓습니다.

02 준비된 실을 한 구멍 앞쪽에서 넣어준 후, 바늘을 잡고 실의 중간을 맞춰줍니다.

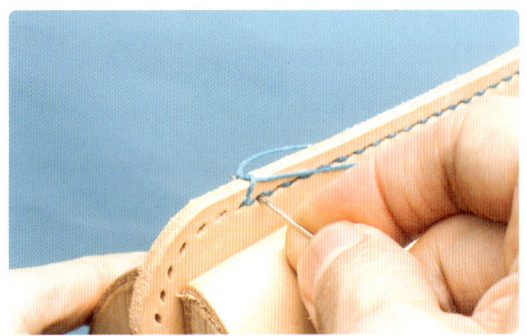

03 동일한 요령으로 바느질해 갑니다.

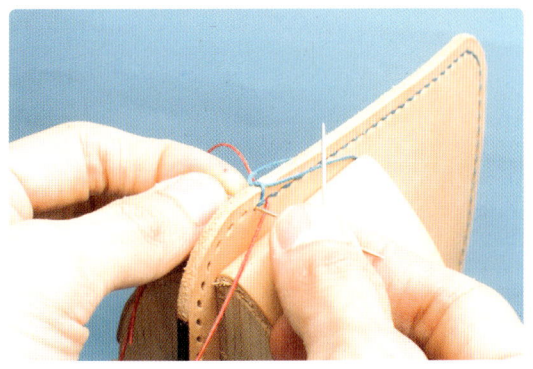 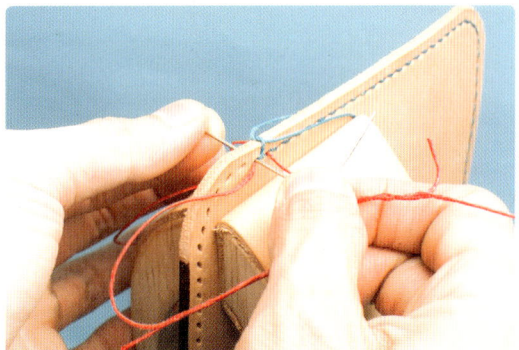

■ 04 이어지는 한 부분만 이중으로 바느질이 됩니다.

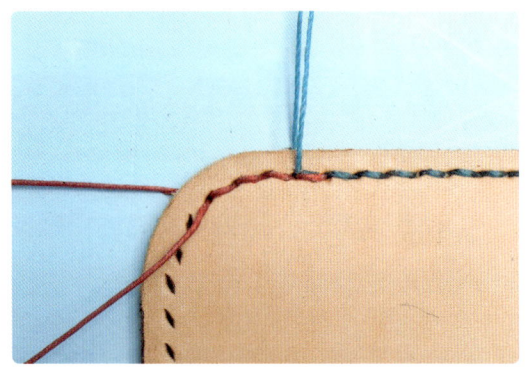 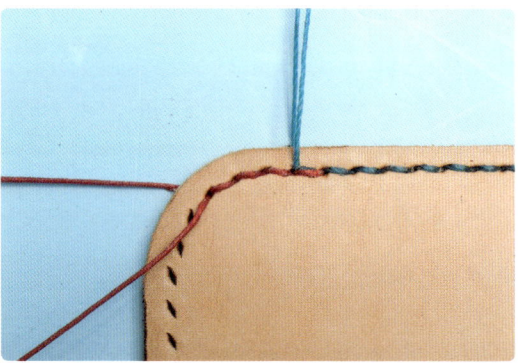

■ 05 실은 양쪽에서 바싹 잡아당겨서 끊어 주면 됩니다.

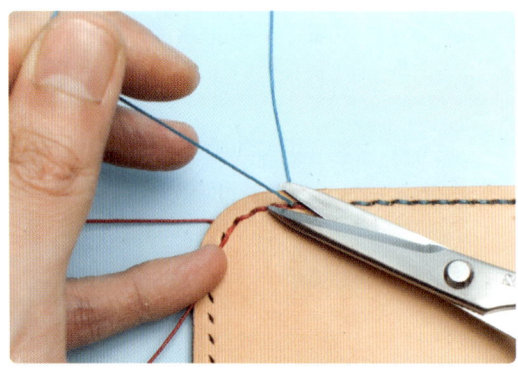 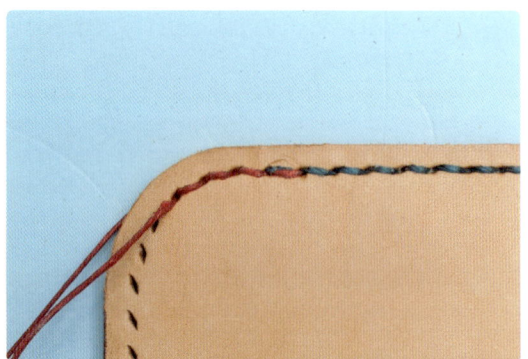

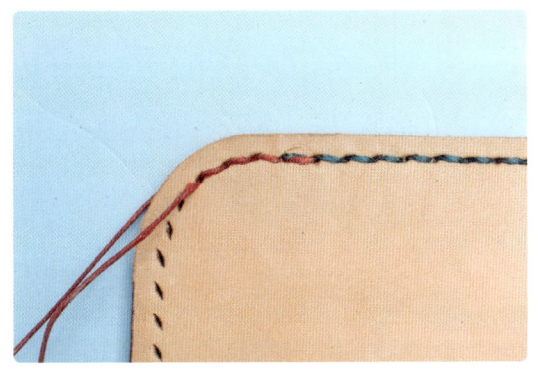
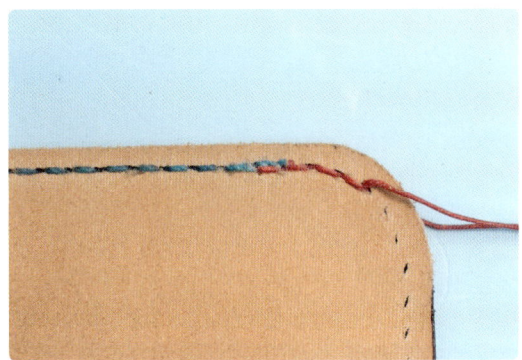

10) 바느질 이어서 하기 2

■ 01 실이 모자랄 경우 마지막 바느질에서 오른쪽 바늘까지 넣어줍니다.

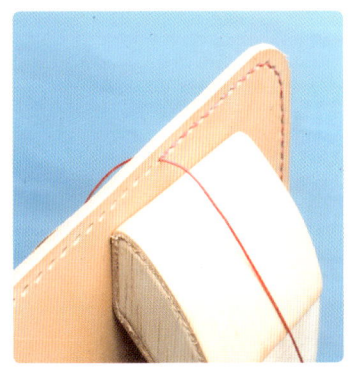
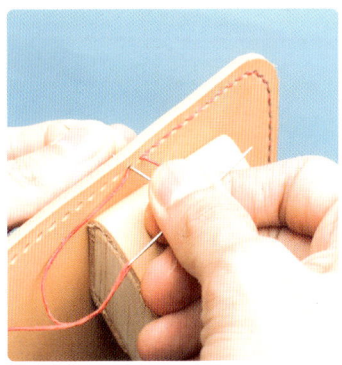

■ 02 오른쪽에서 들어간 바늘에 왼쪽의 실을 한 바퀴 감아줍니다.

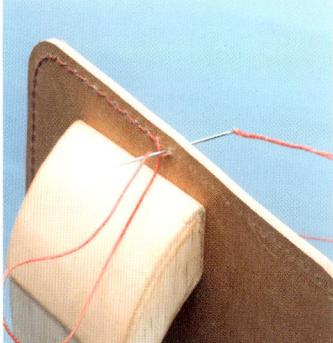
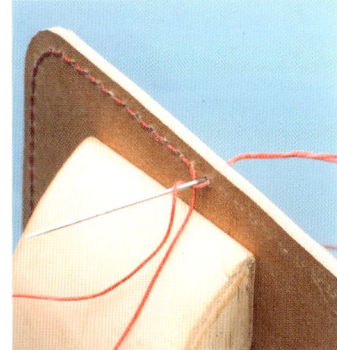

03 실을 양쪽에서 잡아당겨줍니다.

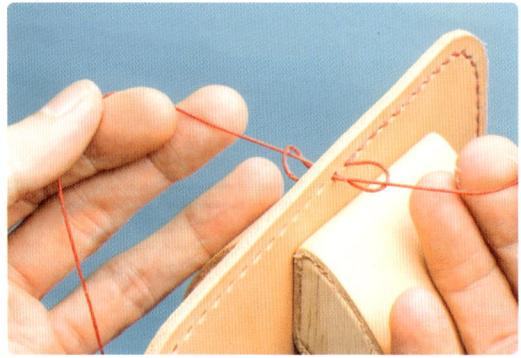

04 실이 구멍에 들어가는 부분에는 사이비놀을 발라줍니다.

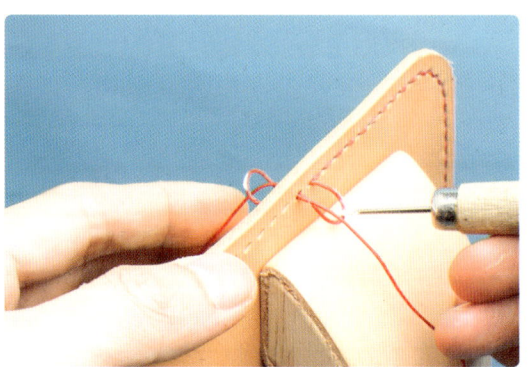

05 양쪽에서 실을 당겨주고, 삐져나온 사이비놀은 닦아냅니다.

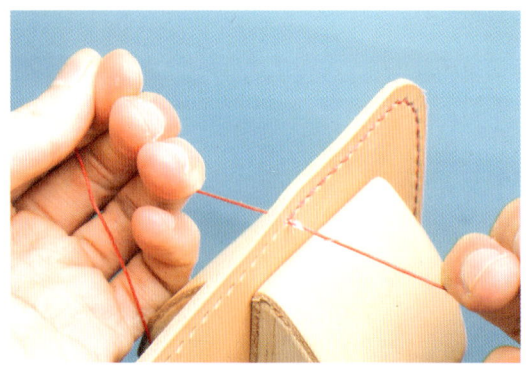

바느질 이어서 하기2

06 바느질 마감1과 동일한 요령으로 라운드 송곳으로 한 구멍 앞쪽으로 대각선 방향으로 구멍을 뚫어줍니다.

 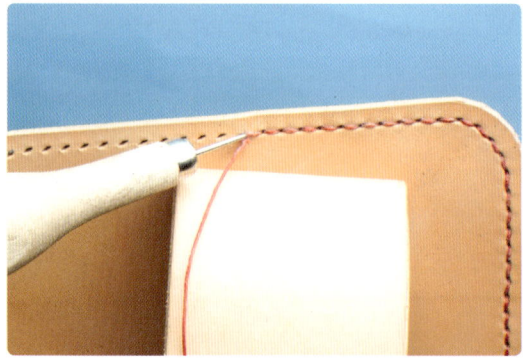

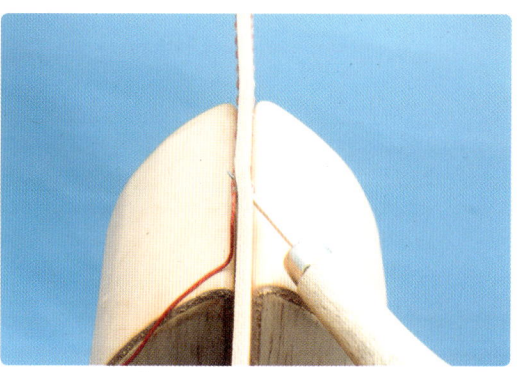

07 뚫린 구멍으로 오른쪽의 바늘을 넣어줍니다.

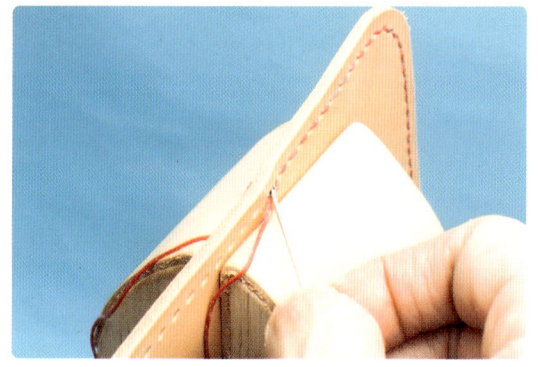

08 실은 완전히 잡아당기지 말고 어느 정도 남깁니다.

09 구멍에 들어갈 부분에는 사이비놀을 발라줍니다.

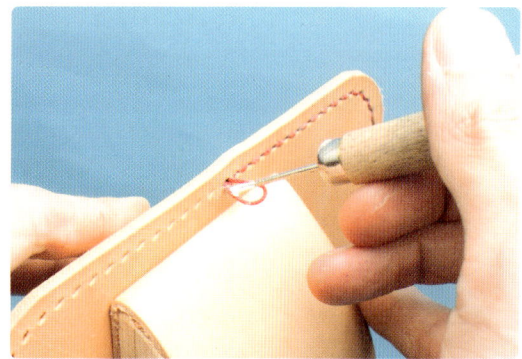

10 실을 당겨줍니다.

11 뒤쪽에 나온 실은 바짝 당겨서 끊어줍니다.

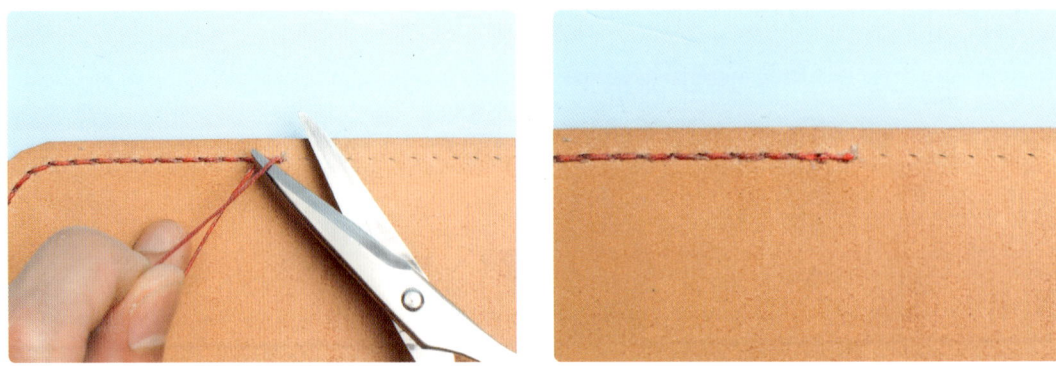

12 새로운 실로 이어서 바느질해갑니다.

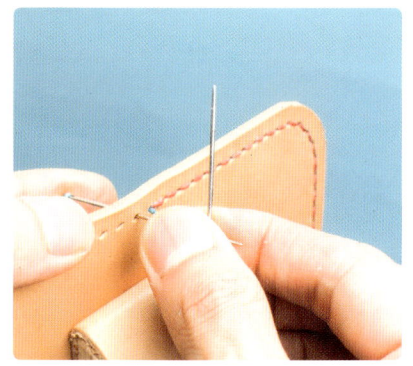 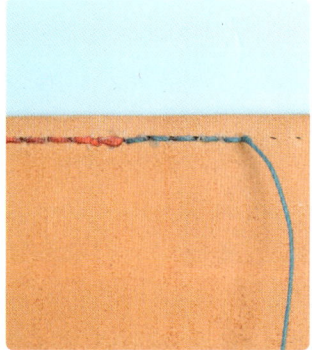 

4 마감용 도구

식물성 탄닌 무두질된 가죽의 큰 장점 중 하나가 가죽에 힘이 있어 재단면을 사포로 갈아낼 수 있다는 것과 모서리를 깎아 낼 수 있다는 것입니다. 미세한 오차는 사포로 갈아주도록 합니다. 마감은 가죽 느낌을 그대로 살릴 수 있는 토코놀 마감과 가죽에 색깔을 올릴 수 있는 아크릴 수지계 마감 등이 있습니다.

■ 사포, 엔티드렛서

상면을 접착할 경우, 털을 일으켜 주거나 재단면 마감 시 다듬어 줄 때 사용합니다. 이때 중요한 것은 재단면을 직각으로 평평하게 해주는 것이 중요합니다. 사포를 사용할 때는 나무 조각 등에 사포를 붙여서 사용하면 재단면을 평평하게 다듬는 데 수월합니다.

- 엔티드렛서는 손잡이가 있어 사용에 편리하며 상면을 접착할 경우, 털을 일으켜 줄 때 사용합니다.

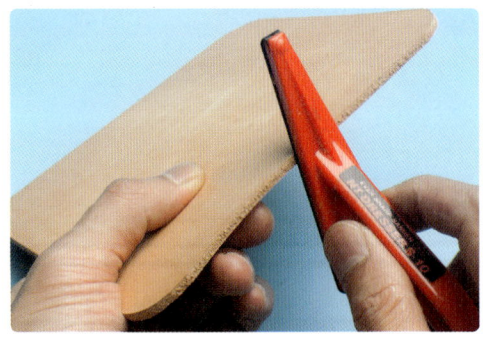

■ 엣지베베러

가죽 재단면의 모서리를 깎아주는 도구입니다. 일정한 각도를 유지하며 균일한 힘으로 깎아주는 것이 중요합니다. 너무 힘을 주거나 엣지베베러의 각도가 맞지 않으면 은면에 상처를 낼 수 있으며 모서리가 균일하게 깎이지 않아 오히려 더 지저분해질 수 있으니 주의합니다.

제조사에 따라 모양이 다르고 사이즈가 있어 깎이는 양이 다르니 사용하는 가죽에 적당한 호수를 사용하는 것이 좋습니다(깎이는 폭은 0.8~2.0mm 정도까지 있으며, 두께가 얇은 가죽은 작은 호수를 사용하고 두꺼운 가죽은 큰 호수로 넓게 깎이도록 하는 것이 좋습니다).

 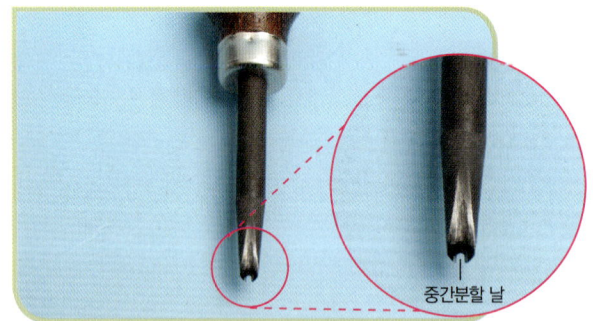

확대 사진의 중간 부분이 날입니다.

> 엣지베베러 사용 방법

가죽의 재단면 마감 시 사포로 갈면 가죽의 은면과 상면 양쪽이 벌어져 올라오게 됩니다. 직각으로 된 면의 모서리를 엣지베베러로 깎아줌으로써 완성도를 확연히 높여 줄 수 있습니다.

01 재단면을 엔티드렛서로 직각이 되게 다듬어준 후, 엣지베베러로 모서리를 깎아줍니다.

02 재단면을 따라 일정 각도와 힘을 유지하면서 균일하게 모서리를 깎아줍니다.

* 위) 엣지베베러로 모서리를 깎은 면.
　아래) 안 깎은 면.

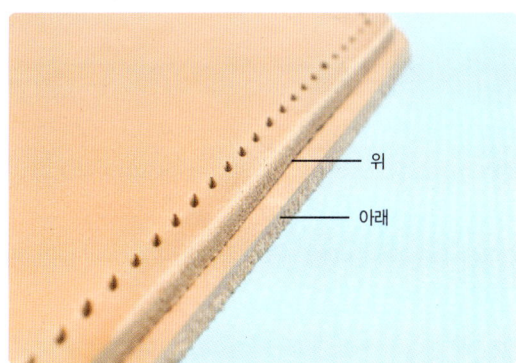

- 가죽이 얇은 경우

가죽이 얇아서 깎기 힘든 경우에는 다른 가죽을 덧대어서 층을 만든 후 모서리를 깎아줍니다.
얇은 가죽은 모서리를 너무 많이 깎게 되면 재단면의 끝이 뾰족해지니 조금만 깎는 것이 좋습니다.

• **상면의 모서리를 깎지 않을 경우**

엣지베베러로 상면의 모서리를 깎지 않을 경우에는 상면에 털이 일어난 것을 가위로 잘라 정리해 줍니다.

Tip 접착하는 양면의 접착 부분은 모서리를 깎지 않습니다. 접착면을 엣지베베러로 모서리를 깎게 되면 접착 부분에 홈이 생기니 제작 시 주의하세요.

■ **토코놀**

가죽의 재단면 및 상면을 마감할 때 발라줍니다. 토코놀은 수성으로 인체에 무해하며 식물성 탄닌 무두질된 가죽에만 사용이 가능합니다. 재단면이나 상면의 털이 일어난 것을 토코놀을 발라서 슬리커 혹은 유리판으로 문질러 주면 매끈하고 광택이 나게 마감할 수 있습니다.

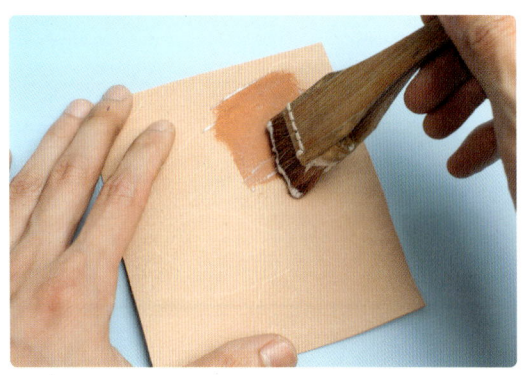

■ CMC

분말 타입의 재단면 마감제로 물에 용해하여 사용합니다(용해하는 데 반나절에서 한나절 정도 소요됩니다. CMC : 물 = 3g : 200cc). 물의 혼합 비율로 농도 조절도 가능하며 사용법 및 용도는 토코놀과 동일합니다.

■ 이리스 & 올리

모든 가죽의 재단면에 바를 수 있는 아크릴수지계 마감제입니다. 가죽에 다양한 색상을 올릴 수 있어 접착면 등에 사용하면 접착층을 가릴 수 있습니다. 일반적으로 "기리메"라고 많이 통용되고 있으나, 기리메는 일본어로 재단면을 뜻하지만, 국내에서는 이를 재단면에 올라앉는 아크릴수지계 혹은 우레탄수지계를 통틀어 부르고 있습니다.

재단면에 다양한 색상 및 광택을 얻을 수 있는 것이 장점이지만 오래 사용하다 보면 갈라지고 벗겨지는 단점이 있습니다. 착색, 광택이 동시에 가능한 도료 타입으로 수성이지만, 건조 후에는 물에 녹지 않습니다. 용기를 흔들지 말고 잘 저어서 엣지브러시 등으로 도포해줍니다.

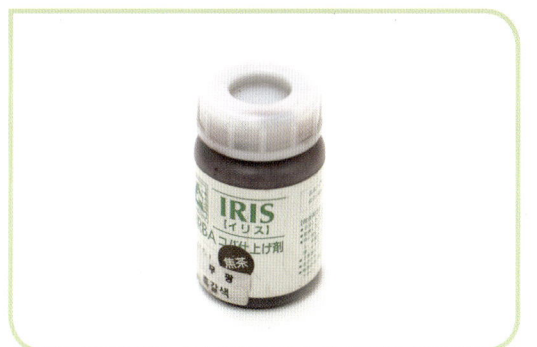 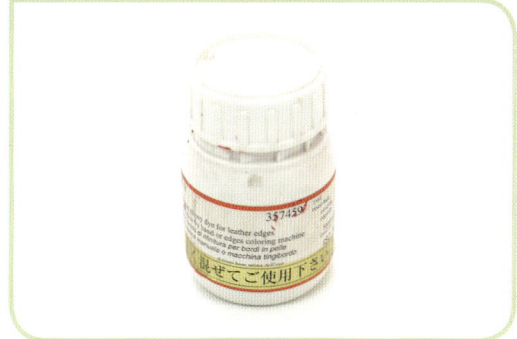

 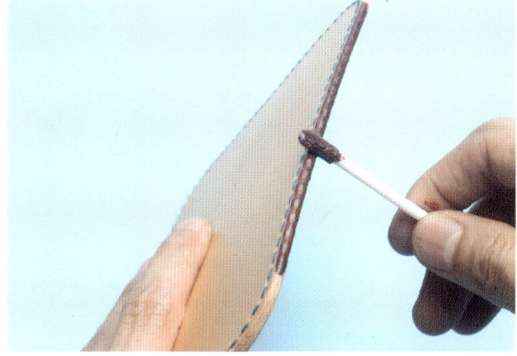

아크릴 성분이 가라앉아 있으므로 반드시 나무젓가락 같은 것으로 잘 저어서 사용하세요.

■ 코바코트

아크릴수지계 마감제를 '문구용 풀'에 사용되는 용기에 담아 보다 편리한 사용이 가능합니다. 용기를 잘 흔들어서 재단면에 직접 도포 후 건조시킵니다.

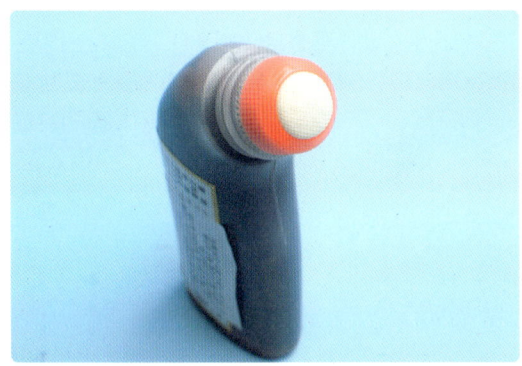

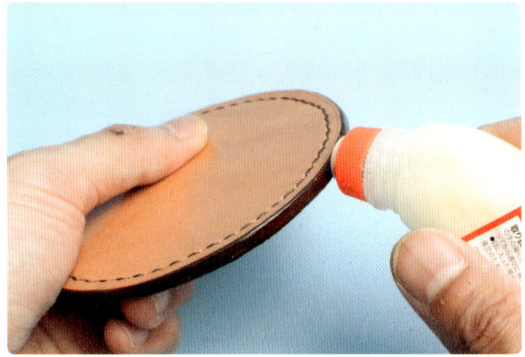

■ 엣지브러시

아크릴수지계 마감제를 도포 시, 면봉은 털이 일어나 바르기에 불편함이 있지만 엣지브러시는 털이 일어나지 않고, 흡수력도 좋아 재단면에 마감제 혹은 염료를 바를 시에 편리합니다. 사용 후, 바로 세척하면 털이 마모되기 전까지는 재사용이 가능합니다.

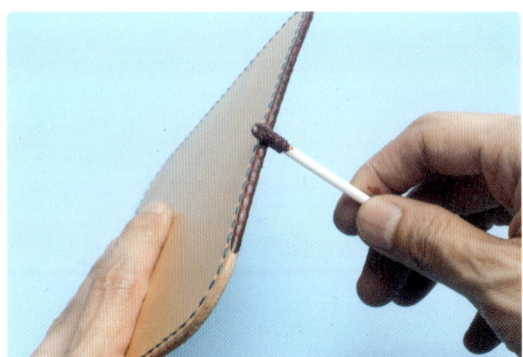

■ 슬리커

가죽의 재단면에 토코놀을 바르고, 문질러 주면 재단면의 형태를 동그스름하게 잡아주면서 광택나게 마감할 수 있습니다. 다양한 종류가 있으며 용도는 비슷하나 홈의 크기 및 재질의 차이가 있습니다. 목재 슬리커가 광택이 더 잘 납니다. 슬리커의 뒷부분은 가죽 성형 시 사용합니다.

■ 평솔붓, 솔붓

토코놀을 바를 시에는 붓의 털이 짧은 것이 안정감이 있어 바르기 편합니다.

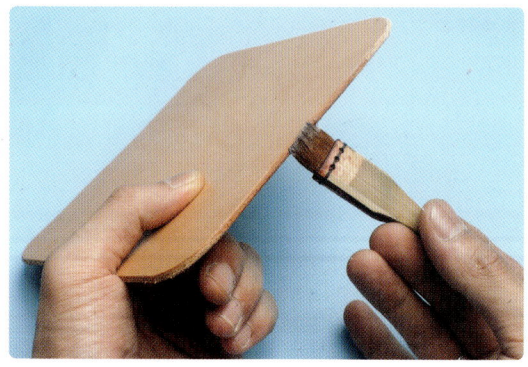

• **토코놀로 마감 시**

01 재단된 가죽

02 재단면이 직각이 되도록 사포를 이용하여 다듬어줍니다.

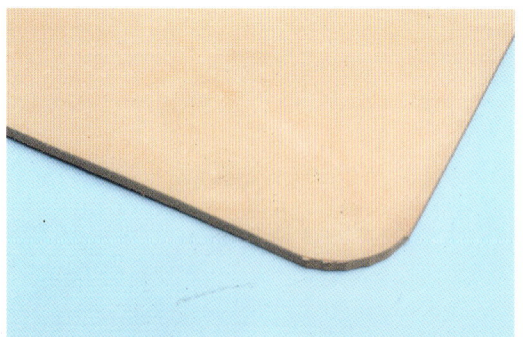
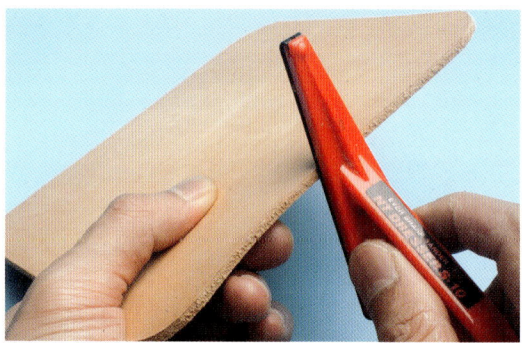

Tip 재단면 마감 시 사포로 다듬는 것은 재단면이 직각이 되도록 하기 위함입니다. 재단면이 직각이라면 사포로 다듬을 필요가 없고 라운드는 아무래도 매끄럽게 다듬어 주는 것이 좋습니다.

Tip 접착면을 토코놀로 마감 시
접착면에 본드가 남아 있으면, 토코놀이 흡수가 되지 않아 그 부분만 얼룩이 남습니다. 본드를 완전히 제거하고 토코놀을 고르게 흡수되도록 한 후, 마감을 하는 것이 좋습니다.

03 엣지베베러를 이용하여 모서리를 고르게 깎아줍니다.

04 아래부터 재단된 가죽, 엔티드렛서로 다듬어준 가죽, 엣지베베러로 모서리를 깎아준 가죽

05 토코놀을 재단면에 도포합니다.

06 토코놀이 도포된 재단면을 슬리커로 문질러서 마감해줍니다.

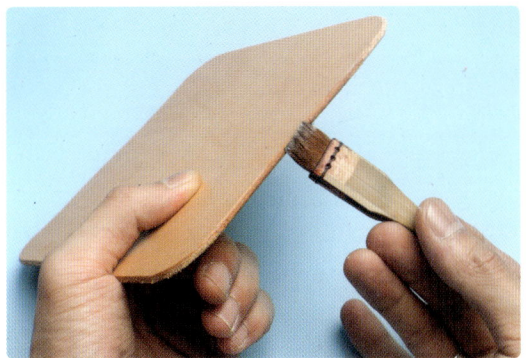 

* 토코놀이 건조되기 전에 문질러야 하므로 한 번에 전체면을 도포하지 말고, 20~30회 정도로 나눠서 발라줍니다.

* 건조된 후에는 문질러도 아무런 효과를 볼 수 없으니, 광택이 날 때까지만 문지르면 됩니다.

07 아래부터 재단, 사포, 엣지베베러, 토코놀 마감

> **Tip** 마감을 고운 사포로 다듬으며 여러 번 반복하면 재단면이 광택도 더 많이 나고, 매끈해집니다. 좀 더 매끈하고 광택이 나는 재단면을 원할 시에는 1000번 사포로 재단면을 다듬어서 다시 한 번 토코놀을 발라 슬리커로 문질러 다듬어줍니다.
>
>

* 은면에 토코놀이 묻은 경우에는 물기가 있는 부드러운 천으로 닦아줍니다. 토코놀이 묻은 부분만을 힘을 주고 문지르게 되면, 그 부분만 변색이 되므로 가죽 전체를 훑고 지나가듯이 닦아 내는 것이 좋습니다.

Hand sewing Leather Craft

• 접착면 마감 시

아크릴 마감제 마감 시 (이리스 혹은 올리)

01 토코놀 마감한 재단면을 1000번 사포로 다듬어줍니다.

02 이리스 혹은 올리를 발라줍니다. 건조 후, 3~4회 덧발라 줍니다.

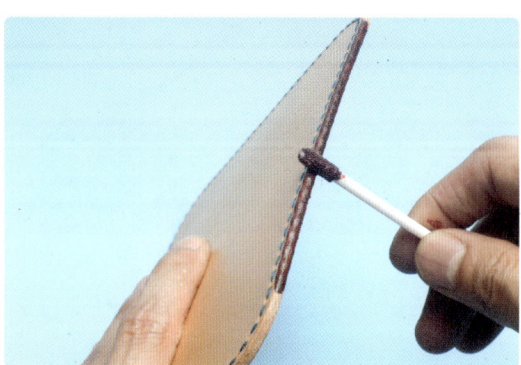

* 아래부터 토코놀, 사포, 이리스 1회 바른 사진, 이리스 3회 바른 사진.

* 재단면을 다듬지 않고, 이리스와 같은 아크릴수지계 마감제를 도포하면 사진처럼 지저분하게 됩니다. 이리스를 매끈하게 바르기 위해서는 재단면이 매끈해야 하는 것이 절대 조건입니다.

■ 유리판

가죽 상면 마감 시, 토코놀을 바르고 문질러 줄 때 사용합니다. 문질러 줌으로써 가죽의 이물질을 밀어낼 수 있고 상면을 평평하게 해줄 수 있습니다.

유리판 사용 방법

01 가죽의 상면에 토코놀 혹은 CMC를 고르게 발라줍니다.

02 토코놀이 고르게 흡수되면, 유리판으로 문질러줍니다(유리판으로 문질러 줌으로써 상면을 고르게 펴주며, 가죽의 이물질도 제거해줍니다).

03 마감 전, 후

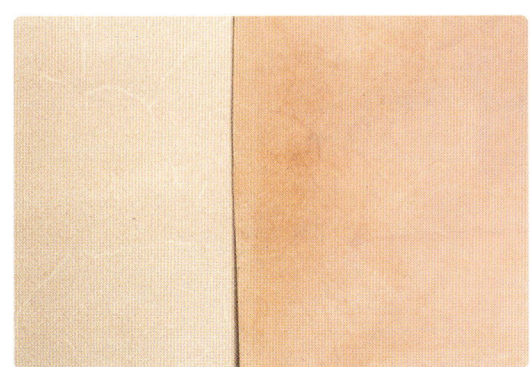

토코놀이 건조 되기 전에 유리판으로 문질러야 하므로 넓은 면적 마감시에는 토코놀을 전체적으로 도포하지 말고 부분적으로 나눠서 마감해가는 것이 좋습니다.

5 접착용

가죽공예에서 두 장 이상의 가죽을 고정하는 데 접착제는 반드시 필요합니다. 사용되는 접착제는 두 가지 종류(초산비닐 수지계, 고무계)로 분류됩니다. 각 접착제마다 고유의 특성이 다르므로 용도에 맞게 사용하는 것이 중요하며, 접착 후 반드시 롤러 등으로 압착해야 합니다.

■ 초산비닐 수지계

• 사이비놀

사용이 편리한 수성 타입으로 건조되기 전에 빠르게 접착해야 합니다. 건조 전에는 접착력이 약해 고무계 본드와는 달리 양면을 붙인 상태에서 조금 움직여서 수정할 수 있습니다. 접착 후에는 접착층이 투명하고 힘이 있어 가죽칼 및 사포로 정리가 가능합니다. 재단면의 접착에 사용이 편리합니다.

본드가 은면에 묻었을 경우, 건조 전에 물기가 있는 천으로 닦아내면 됩니다.

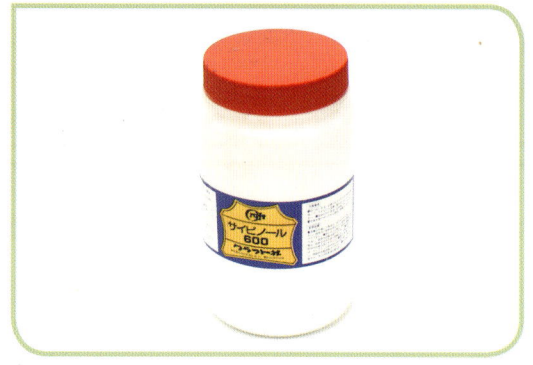

■ 고무계

• 합성고무계

슈퍼크래프트 본드 : 피혁 전용 강력 접착제로 양면에 바른 후 20시간 내에만 압착해주면 되므로 넓은 면적을 접착할 시 사용하면 편리합니다.

삐져나오거나 은면에 묻은 본드는 건조 후에 본드 클리너를 이용하여 살짝 문질러 주면 쉽게 제거됩니다.

• 다이아 본드

접착력이 매우 강해 제화용에도 사용됩니다. 양면에 본드를 바르고, 반건조 상태(끈적이지 않게 될 때)에서 압착해줍니다. 가죽끈 혹은 좁은 면적에 사용하면 편리합니다.

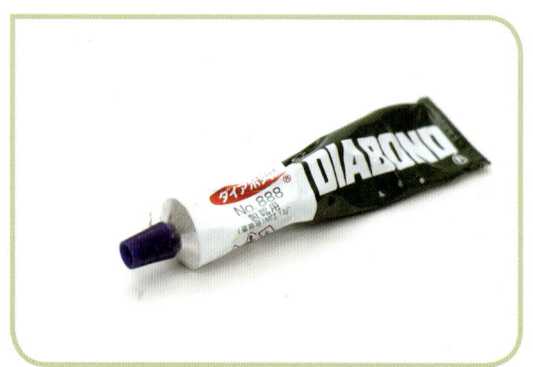

· 클리어 본드

무색 투명하여 생가죽, 가죽과 합성고무, 천, 플라스틱 등의 접착에 사용하면 좋습니다.

양면에 본드를 바르고, 반건조 상태(끈적이지 않게 될 때)에서 압착해줍니다.

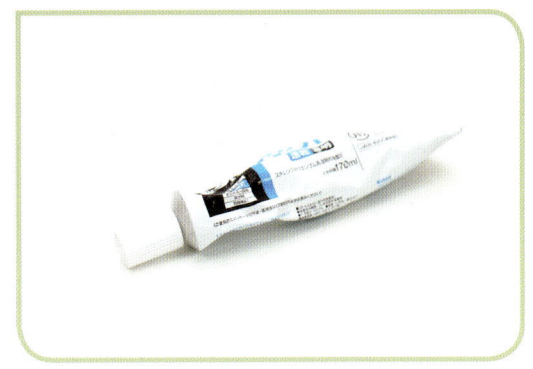

· 천연고무계

고무풀 : 접착력이 뛰어나지 않아 안감 접착이나 임시 고정 시 주로 사용합니다. 접착력이 강하지 않으므로 접착 후 떼어 내어도 다른 접착제에 비해 가죽이 늘어나거나 하지 않습니다.

■ 롤러

접착 시 롤러로 압착해주면 본드층을 최소화할 수 있고 기포를 제거할 수 있으며 접착력이 높아집니다. 유리판으로 문지르면 가죽이 밀릴 수 있기 때문에 롤러 사용을 권합니다. 가죽에 직접 롤러로 압착을 하게 되면 자국이 남을 수 있으니 두꺼운 종이를 깐 후, 힘 있게 압착해주는 것이 좋습니다.

롤러를 수직으로 힘을 주고 천천히 굴리면서 압착해 줍니다.

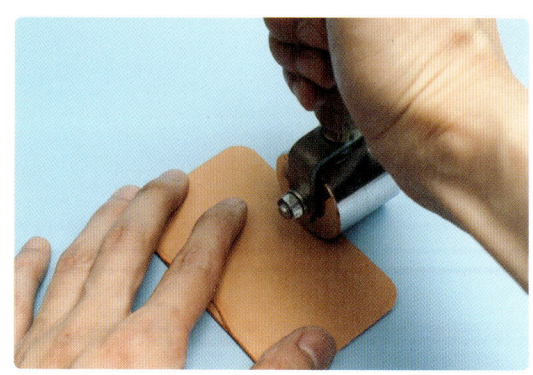

■ 본드 스쿱

본드를 발라 줄 때 사용하면 편리합니다.

■ 접착식 펜치와 집게

형태가 있어 압착이 힘들 때는 집게와 접착용 펜치를 이용하면 편리합니다.

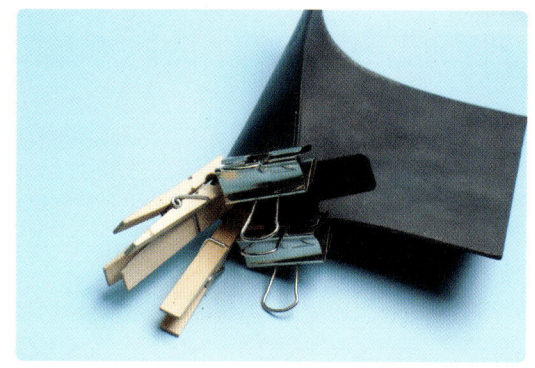

■ **양면테이프**

작업을 하다 보면 마감을 먼저 하고, 접착을 해야 하는 경우 등 임시로 고정을 시켜놓고 구멍을 뚫어야 할 때가 종종 있습니다. 이럴 때는 양면테이프로 임시 고정을 합니다.

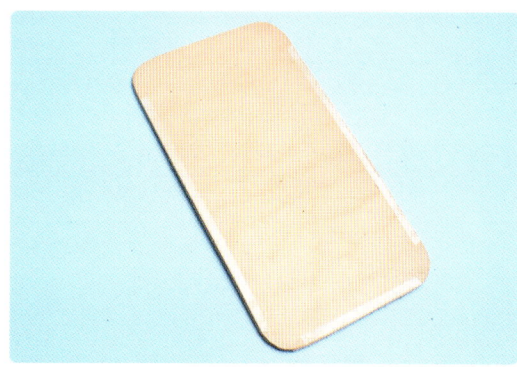

■ **본드 클리너**
삐져나오거나 은면에 묻은 고무계 본드를 제거할 때 사용합니다. 스웨이드의 먼지 제거 시에도 사용할 수 있습니다.

■ **토루토루**
고무계 본드를 닦아낼 때 사용합니다. 본드가 묻은 부위에 발라주면 서서히 녹으므로, 천으로 닦아내면 됩니다.

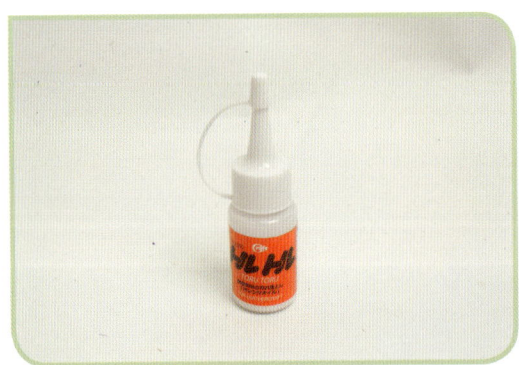 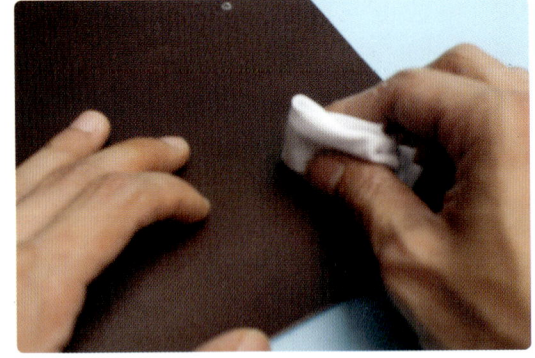

초산비닐 수지계 접착제(사이비놀) 접착 방법

01 접착할 부분을 표시합니다.

02 접착할 부분의 섬유조직을 일으켜 줍니다(상면의 섬유조직을 일으킴으로써 접착 시 섬유조직끼리 엉켜 접착력을 높일 수 있습니다).

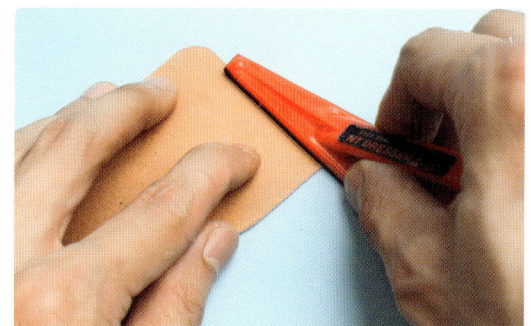

03 접착되는 양면을 다 일으킵니다.

04 사이비놀을 얇게 발라줍니다.

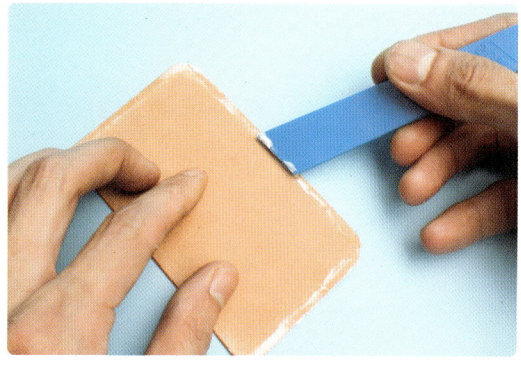

05 접착되는 양면에 동일하게 발라줍니다. 사이비놀은 건조되면 접착력이 없어지므로, 건조 전에 두 면을 접착해야 합니다.

06 손에 들지 말고, 바닥에 놓고 접착을 해줍니다. 손에 들고 하게 되면 가죽이 얇을 경우에는 접착되는 부분의 가죽이 울 수 있습니다. 사이비놀은 건조 전까지는 접착력이 약해서 어느 정도 움직여 수정할 수 있습니다.

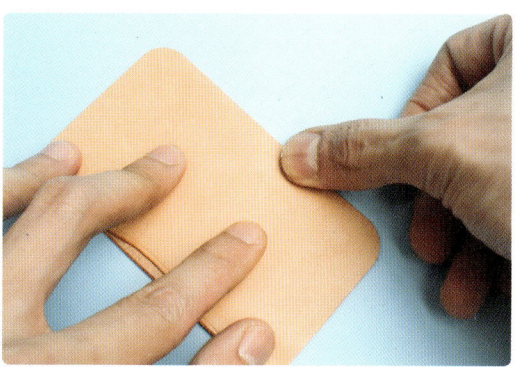

가죽의 공구 사용 | 91

07 롤러로 압착해줍니다.

Tip 사이비놀은 수성이므로 넓은 면 접착 시에는 접착면에 물을 스펀지로 약간 흡수시켜 놓고 본드를 바르게 되면, 건조 시간을 조금 늦출 수 있습니다.

합성 및 천연고무계 본드 사용법

01 접착할 면의 가죽 섬유를 일으켜줍니다.

02 접착할 양면에 본드를 최대한 얇게 펴서 발라줍니다(다이아 본드와 클리어 본드는 빨리 건조되는 특성이 있으므로 한꺼번에 많은 양의 본드를 바르려 하지 말고, 조금씩 묻혀가면서 발라줍니다. 그렇지 않으면, 본드층이 두꺼워집니다).

03 끈적이지 않을 때까지 건조시킵니다(슈퍼크래프트 본드는 완전 건조 후 접착합니다. 20시간 내 접착 가능).

04 롤러로 고르게 압착해줍니다.

> **Tip** 접착면이 은면일 경우에는 가죽칼을 이용해 은면을 벗겨낸 후 접착합니다.

6 금속 장식 부착용

가죽끼리의 고정 및 잠금장치, 장식 등의 여러 가지 용도로 금속 장식이 사용됩니다. 금속 장식의 부착 방법과 용도에 맞는 사용법에 대해 알아보겠습니다.

■ 펀치

금속 장식 부착 시 혹은 가죽 레이스 통과 시 사용됩니다.

사이즈는 0.6~30mm까지 있습니다.

■ 버클용 펀치
버클 부착 혹은 스트랩 통과 구멍으로 사용. 버클걸이 크기에 맞게 사용해야 합니다.

■ 벨트용 펀치
벨트핀용 구멍으로 일반 펀치와는 달리 타원으로 되어 있습니다.

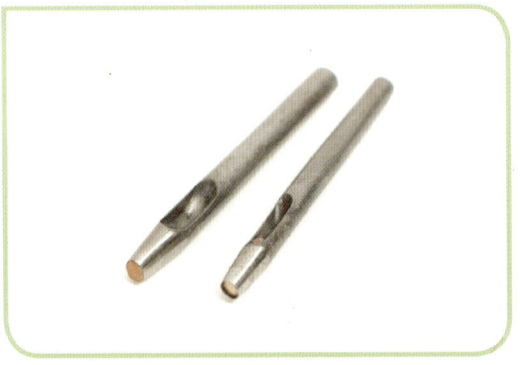 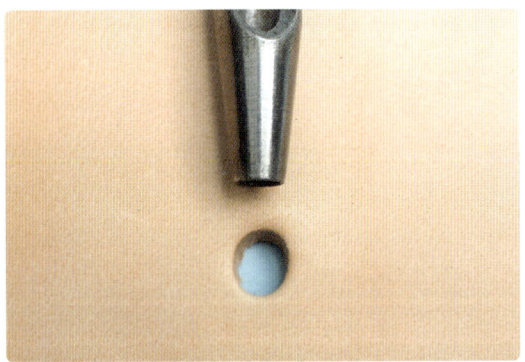

■ 리벳 세터
리벳 부착 시 사용하는 세터입니다.

■ **돔리벳 세터**
돔리벳 부착 시 사용하는 세터입니다.

■ **와이어 스냅 세터**
와이어 스냅 부착 시 사용하는 세터입니다.

■ **스냅 세터**
스냅 부착 시 사용하는 세터입니다.

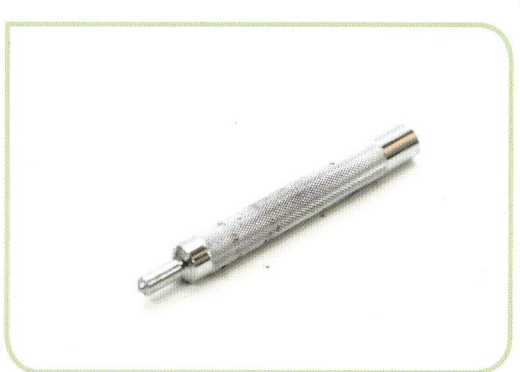

■ 그로멧 세터
그로멧 부착 시 사용하는 세터입니다.

■ 만능쇠판
리벳, 스냅, 와이어 스냅 부착 시 받침으로 사용하는 만능쇠판 홈 사이즈는 6, 9, 10, 11.5, 13, 15mm로 다양한 사이즈의 금속 장식 부착이 가능합니다.

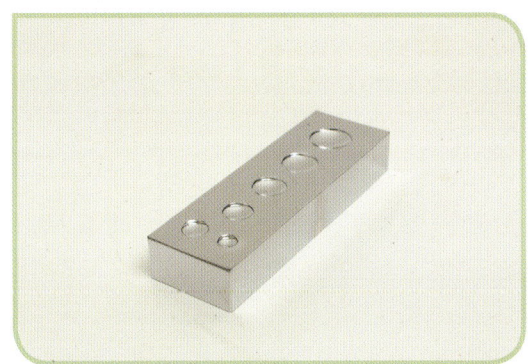

■ 폴더
폴더는 각종 금속 장식의 다리를 접을 시 사용하는 공구입니다. 폴더는 마그넷 및 잠금장치의 다리를 접을 시 사용하는 공구입니다.

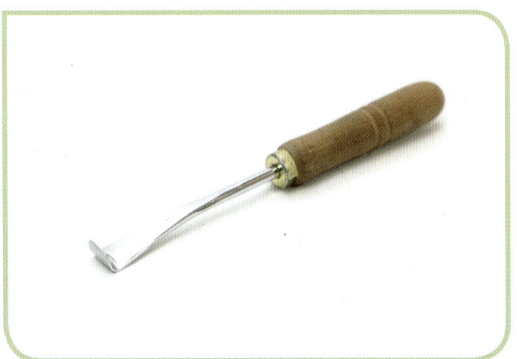

Tip 가죽만으로 제작을 하기에는 디자인, 잠금 방식이 한계가 있으므로 여러 금속 장식을 부착해서 좀 더 편리하게 제작해보세요.

■ 리벳

리벳은 가죽과 가죽을 고정하거나 장식용으로 사용합니다. 리벳은 머리의 종류에 따라 더블 리벳 싱글 리벳, 돔리벳이 있는데요. 양면 리벳은 양쪽으로 동그란 장식의 형태의 머리가 있고, 싱글 리벳은 한쪽으로만 머리가 있습니다. 돔리벳은 머리가 볼록하게 반원으로 되어 있습니다. 소재 및 다리 길이의 종류가 다양한데 작은 소품에 맞는 장식용으로 별이나 피라미드 등의 모양으로 된 것도 있습니다.

• 싱글 리벳

• 더블 리벳

• 돔리벳

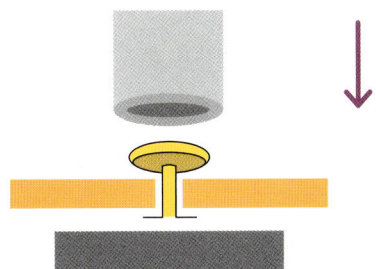

리벳 부착 방법

01 가죽에 해당 사이즈의 펀치로 구멍을 뚫습니다.

02 가죽에 리벳 밑을 끼웁니다.

03 머리를 부착합니다.

04 리벳 세터를 이용하여 쳐줍니다.

• 돔리벳과 싱글, 더블 리벳과의 차이

• 돔리벳 사이즈별 펀치 호수 및 세터

리벳 머리 사이즈	펀치 호수	세터
4mm	8호	4mm 세터
6mm	8호	6mm 세터
7mm	10호	7mm 세터
9mm	12호	9mm 세터
12mm	12호	12mm 세터

■ 와이어 스냅

와이어 스냅은 지갑의 동전 수납 부분이나 지갑 및 핸드백의 잠금장치 등의 비교적 작은 소품의 잠금 장식으로 사용하는 금속 장식입니다. 간단한 사용 방식에 장식성도 좋으며, 2개의 와이어가 내장되어 있어 돌기 부분을 걸어주면서 잠그는 방식입니다. 부착 시 주의 사항은 너무 힘을 주고 치면 와이어 부분이 찌그러져 불량이 될 수 있으니 적당한 힘으로 쳐야 합니다. 또한 다리가 짧으므로 2mm 이하의 가죽에 사용하는 것이 좋습니다.

 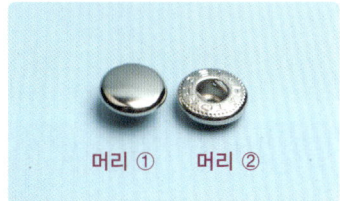 머리 ① 머리 ②  밑 ① 밑 ②

와이어 스냅 머리 부착

01 해당 사이즈의 구멍을 뚫어줍니다.

02 만능쇠판의 머리 ①에 맞는 홈에 올려놓습니다.

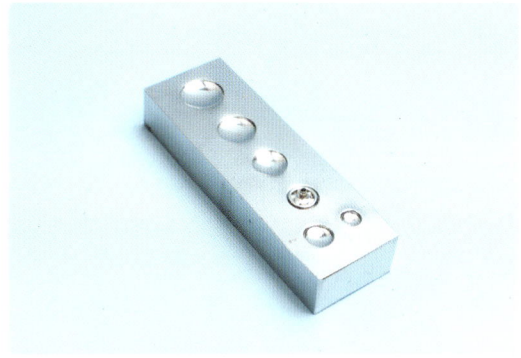

03 가죽을 올려놓습니다.

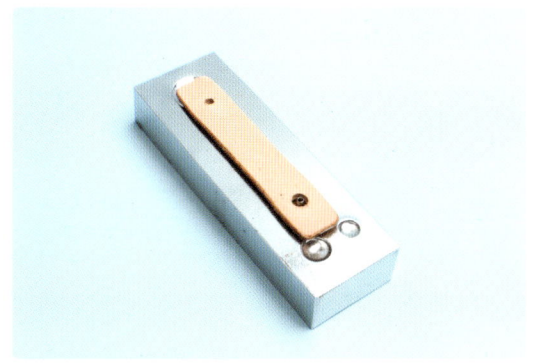

04 머리 ②를 올려놓습니다.

Hand sewing Leather Craft

05 와이어 다리와 와이어 스냅 세터 머리용의 방향을 맞춰서 끼웁니다.

06 망치로 쳐줍니다.

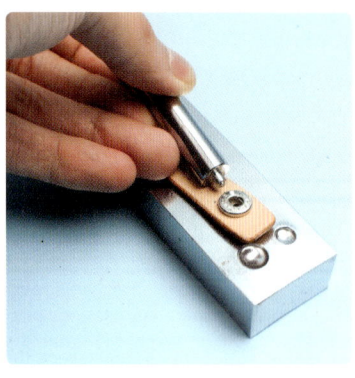

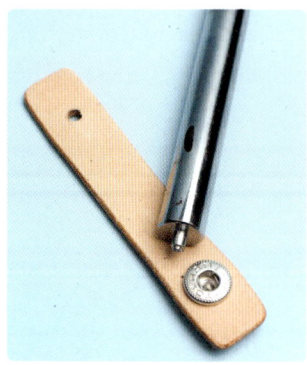

와이어 스냅 밑 부착

01 해당 사이즈의 펀치로 구멍을 뚫어줍니다.

02 밑 ②를 만능쇠판에 올려놓습니다.

03 가죽에 끼워 넣습니다.

04 밑 ①을 올려놓습니다.

 05 와이어 스냅 세터 밑용을 구멍에 맞춰 끼웁니다.   06 망치로 쳐줍니다.

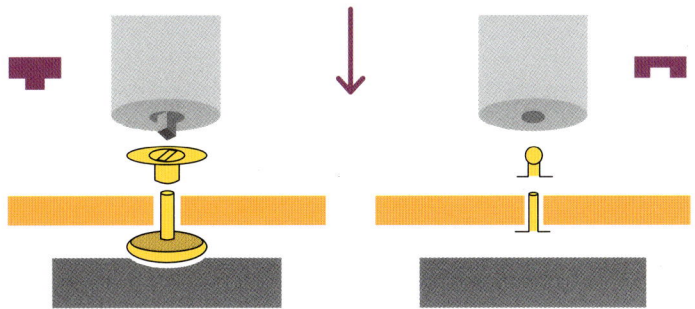

• 와이어 스냅 사이즈별 펀치 호수 및 세터

와이어 스냅 머리 사이즈	펀치 사이즈	세터
10mm	머리 15호 밑 7호	와이어 스냅 세터 소
13mm	머리 18호 밑 8호	와이어 스냅 세터 대

■ 스냅

스냅은 와이어 스냅과 닮았지만 다리가 길고 두꺼우며, 와이어 스냅보다 잠기는 힘이 강하며, 내구성도 뛰어납니다. 주로 큰 가방이나 의류 등에 사용되는 금속 장식인데요. 부착 시 주의 사항은 확실히 고정하기 위해서는 다소 두꺼운 가죽에 사용해야 한다는 점입니다.

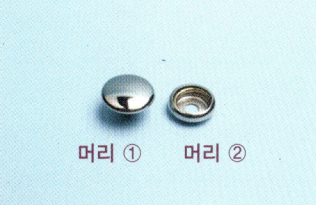
머리 ①   머리 ②
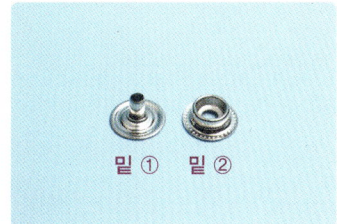
밑 ①   밑 ②

스냅 밑 부착

01 해당 사이즈의 펀치로 구멍을 뚫어줍니다.

02 밑 ②를 가죽에 끼워줍니다.

03 만능쇠판의 평평한 부분에 올려놓습니다.

04 밑 ①을 올려놓습니다.

05 스냅 세터를 올려놓고 망치로 쳐줍니다.

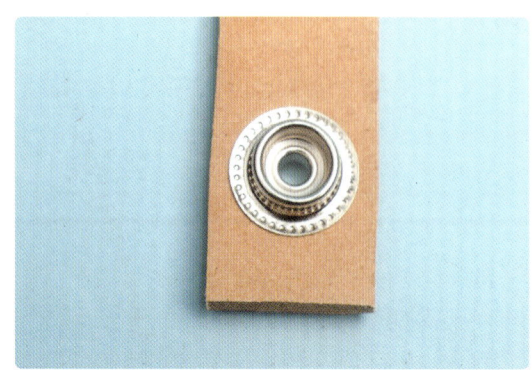

스냅 머리 부착

01 해당 사이즈의 펀치로 구멍을 뚫어줍니다.

02 머리 ①을 올려놓고, 가죽을 올린 후, 머리 ②를 올려놓습니다.

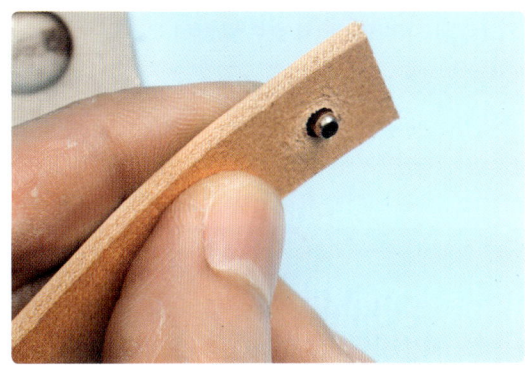
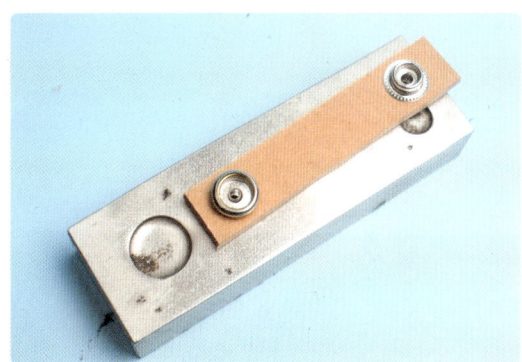

03 스냅 세터를 올려놓고 망치로 쳐줍니다.

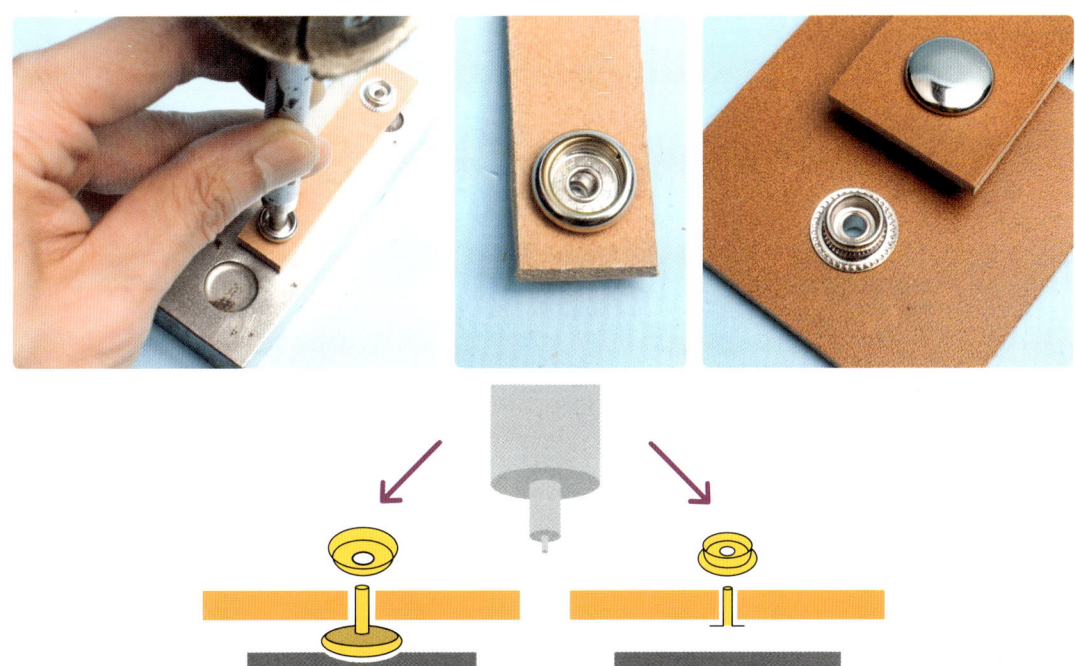

• 스냅 사이즈별 펀치 호수 및 세터

스냅 머리 사이즈	펀치 호수	세터
13mm	8호	스냅 세터 소
15mm	12호	스냅 세터 대

머리 밑에 둘 다 같은 세터로 쳐서 부착해줍니다.

가죽의 공구 사용 | 103

■ 그로멧

가죽에 후크나 체인을 걸 때 사용하는 금속 장식입니다. 가죽 구멍을 보강하는 역할 및 장식적인 효과를 줍니다.

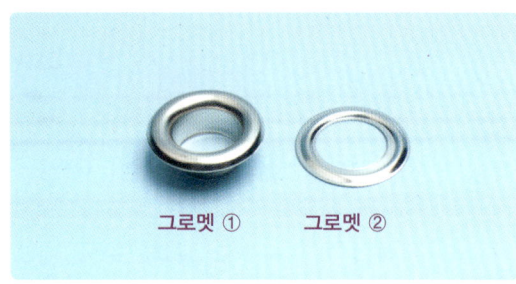

• 그로멧 사이즈별 펀치 호수 및 세터

그로멧 내경 사이즈	펀치 호수	세터
4.5mm	15호	4.5 mm용 세터
6.0mm	20호	6.0 mm용 세터
9.0mm	30호	9.0 mm용 세터
12.0mm	40호	12.0 mm용 세터

가죽에 구멍을 뚫고, 그로멧의 겉면 부분을 끼워서 쇠판에 올려놓고 밑부분을 올려놓은 후 세터로 쳐주면, 윗부분의 다리 부분이 말리면서 그로멧이 부착됩니다.

그로멧 부착

01 가죽에 구멍을 뚫어줍니다.

02 그로멧①을 그로멧 가죽에 끼워줍니다.

03 그로멧 세터 위에 2번에서 그로멧 ①을 끼운 가죽을 뒤집어서 올려 놓습니다.

04 그로멧 ②를 밑에 올려놓습니다.

| 05 | 그로멧 세터로 쳐줍니다. | 06 | 완성 |

 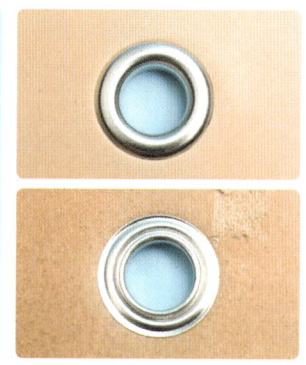 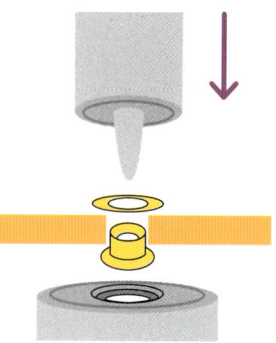

■ **마그넷**

마그넷은 내부에 자석이 들어가 있어 자력으로 잠그는 금속 장식입니다. 부착 방법은 마그넷 뒤에 부착된 2개의 다리를 가죽에 구멍을 내어 끼워 넣고 다리를 접어서 고정합니다.

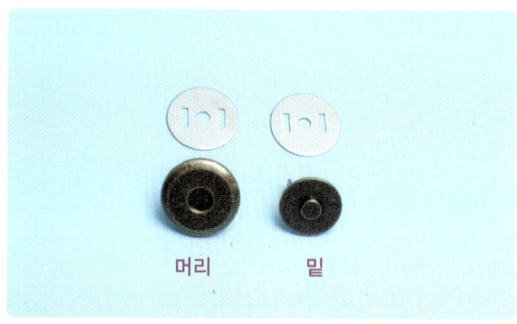

머리   밑

| 01 | 표시된 도안에 치즐 6mm로 구멍을 뚫어줍니다. | 02 | 뚫은 모습 |

03 마그넷 머리의 다리를 구멍을 뚫은 곳에 넣어줍니다.

04 고정판을 끼워줍니다.

05 폴더를 이용하여 다리를 최대한 바싹 붙입니다.

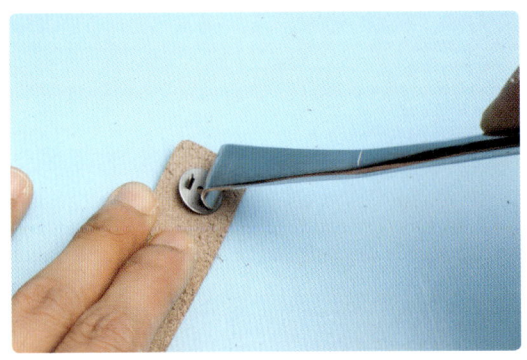

06 쇠망치로 다리를 납작하게 접어줍니다.

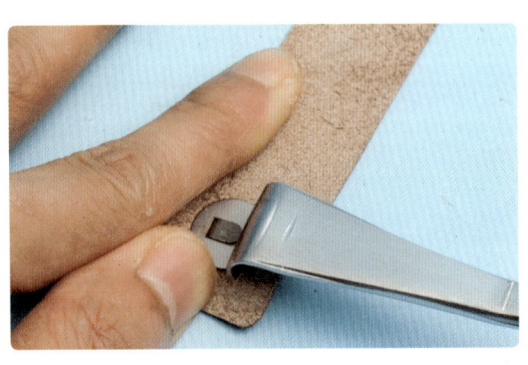

07 동일한 방법으로 다리를 하나 더 접어줍니다.

 **TIP**

마그넷 부착 시 다리 길이를 접어서 이중으로 하는 것 보단 서로 맞닿아서 서로 만나는 게 겉에서 봤을 때 티가 덜 납니다.

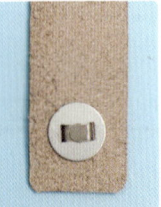

08 마그넷 밑 또한 동일한 요령으로 다리를 두 개 다 접어줍니다.

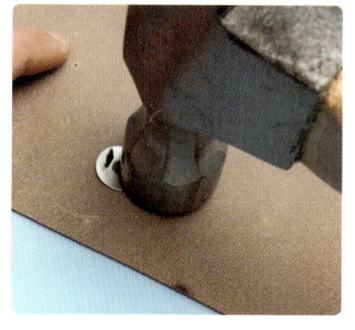

■ 스터드(stud)

스터드는 가죽에 구멍을 내어 돌기 부분이 가죽에 걸려 잠그는 장치입니다. 스터드는 주로 가방 혹은 팔찌 같은 곳에 많이 사용되기도 합니다. 부착 시에 가죽의 구멍은 빡빡할 정도가 적당하고, 사용할수록 가죽이 헐거워질 수 있으니 기둥과 동일한 크기로 구멍을 뚫어 주는 것이 좋습니다.

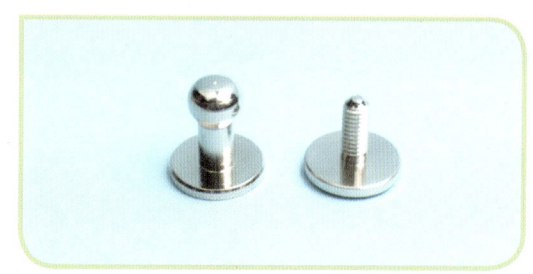

스터드 솔트레지 부착 방법

01 표시된 부분에 구멍을 뚫어줍니다.

02 스터드 밑 나사 부분을 끼워줍니다.

03 스터드 머리 부분을 끼고 나사를 돌려줍니다.

04 나사를 드라이버로 조입니다.

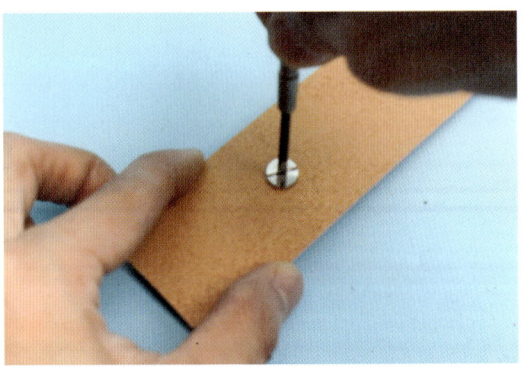

05 스터드 기둥 지름의 구멍을 뚫어줍니다.

06 치즐 6mm로 표시된 부분을 뚫어줍니다.

07 완성

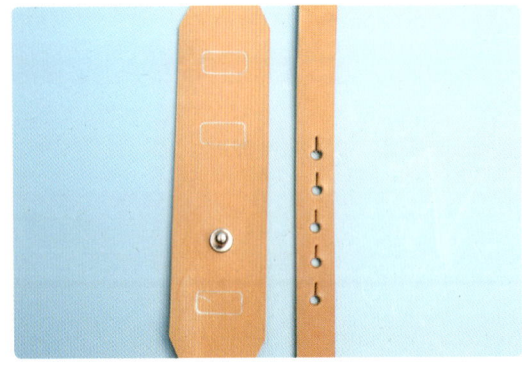

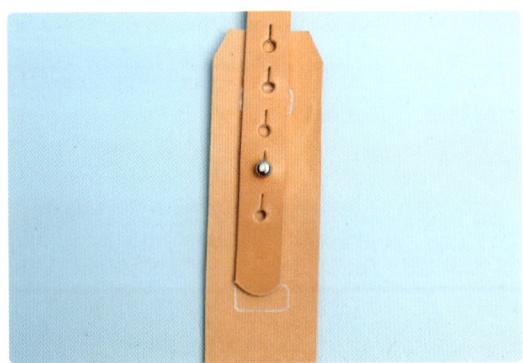

■ 버클

버클은 본래 간단한 벨트의 잠금 장식이지만 최근에는 패션의 일부인 장식품으로도 인기가 많습니다. 눈에 띄는 큰 버클부터 아름다운 디자인의 작은 버클 등이 다양하게 있습니다.

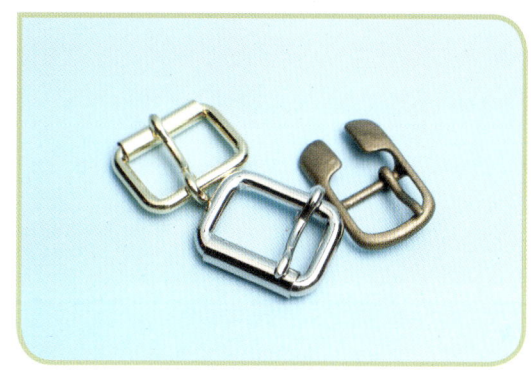

01 버클용 펀치로 구멍을 뚫어줍니다.

02 버클에 가죽을 끼워줍니다.

03 리벳이나 바느질을 이용하여 버클을 고정시켜줍니다.

04 버클핀용 구멍을 뚫어줍니다.

■ 지퍼

지퍼는 개폐가 간단한 친숙한 잠금 장치입니다. 동전지갑이나 파우치 등 비교적 자주 열고 닫는 제품에 부착하면 사용하기 좋은 아이템이 됩니다.

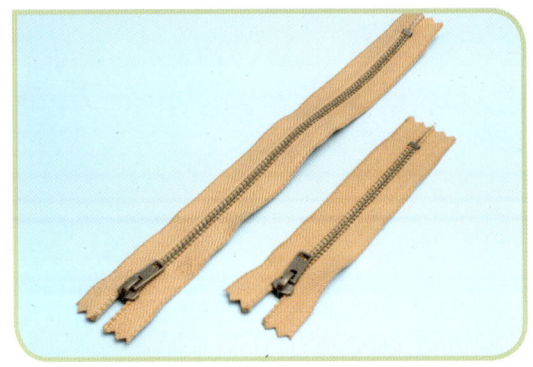

01 양면테이프(혹은 고무풀)로 가죽과 고정시킵니다.

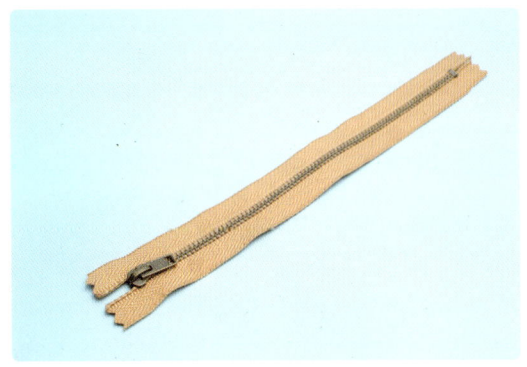
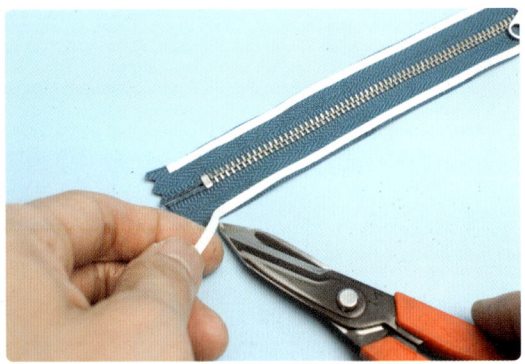

02 하드보드지 같은 것을 이용하여 균일한 폭으로 부착합니다.

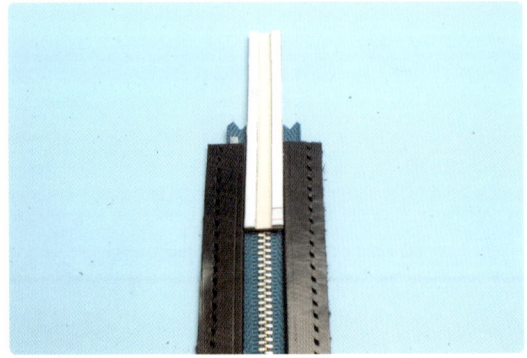

공구 관리

가죽공예에 사용되는 공구들은 대부분은 예리한 날로 된 것이 많습니다. 꾸준한 관리를 통해 사용할 시 공구들을 최상의 상태로 해두면 작업에도 능률을 올릴 수 있습니다.

1 가죽칼

가죽칼은 처음 구입 후 날이 완벽하게 서 있지 않습니다. 날을 숫돌로 잘 갈아주어야 그 날카로움이 살아납니다. 제대로 갈아준 날이라면 가죽 재단 시에 힘들이지 않고 가볍게 당겨줌으로써 칼이 가죽의 안으로 빨려 들어가듯이 잘려나가게 됩니다. 날을 갈아주면 그 다음 작업 능률이 훨씬 좋습니다. 날이 어느 정도 서 있을 때 갈아주는 것이 중요한데요, 보통 2~3분 만에 날이 쉽게 잘 섭니다.

1) 가죽칼의 구조

가죽칼은 얇은 강철과 두꺼운 연철의 구조로 되어 있습니다. 재단 피할 역할은 강철이 하지만 단단한 강철만으로는 날을 갈기가 어려우므로 강철은 얇게 하고 날을 받쳐주는 역할로 연철을 보강한 것입니다. 날의 크기는 24~39mm 정도가 있습니다.

2) 가죽칼 날 가는 법

가죽칼을 갈기 위해 숫돌을 먼저 준비합니다. 숫돌은 초벌용(200~500번), 중간용(1000~2000번), 마무리용(6000~8000번)으로 세 개 준비합니다(초벌용은 날의 이가 나갔을 시에만 사용합니다).

숫돌이 평평한지를 확인합니다(날을 갈다 보면 쉽게 마모됩니다).
숫돌이 평평하지 않을 시에는 사포 80번을 대리석판과 같이 평평한 곳에 놓고 사포를 돌려가면서 갈아줍니다.

평평하지 않은 숫돌

평평한 숫돌

TIP

가죽칼을 갈다 보면 숫돌의 표면에 칼에서 갈아진 철가루가 흡수되어 잘 안 갈아지게 됩니다. 철가루가 많이 흡수된 숫돌로 갈면 날은 광만 날 뿐 날이 잘 서지 않습니다. 이런 경우, 숫돌의 표면에 물을 부으면서 다른 숫돌로 원을 그리면서 맞대고 돌려줍니다.

구입 시 날 가는 법

01 숫돌을 물에 담가두는데 기포가 올라오지 않을 때까지 담가둡니다.

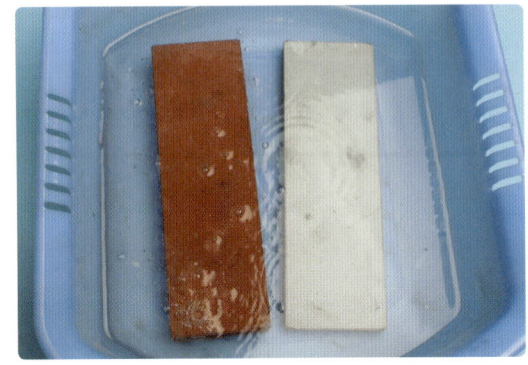

02 중간용으로 날의 뒷부분을 먼저 갈아줍니다. 사진(왼쪽)과 같이 날을 약 2cm정도 올려놓고, 왼손으로는 날을 눌러준 후 오른손은 날을 잡고 힘을 주어 밀어줍니다. 힘을 빼고 당겨주는 것을 평평해질 때까지 반복합니다. 날을 평평하게 해주는 것이 중요합니다.

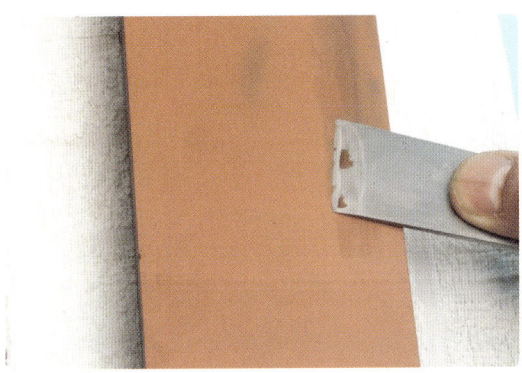 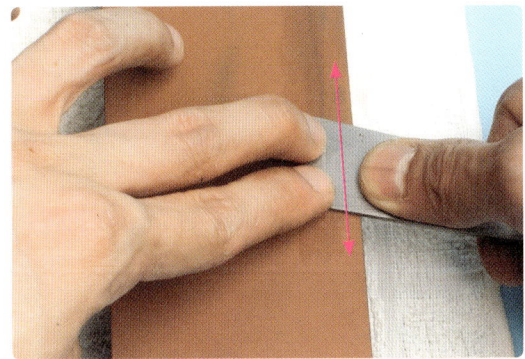

03 중간용으로 날의 경사에 맞춰 비스듬히 올려놓고, 오른손으로 가죽칼을 잡고 왼손으로 날의 경사에 맞춰 누르고 갈아줍니다.

  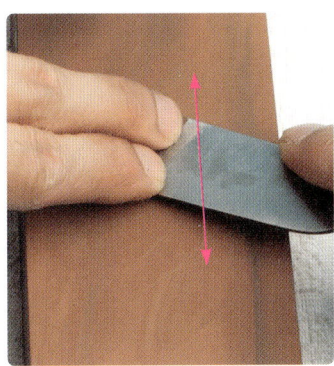

* 날 앞쪽을 갈 때는 힘을 주기 보다는 각도를 일정하게 유지하며 밀고 당기고를 반복하는 것이 중요합니다.

04 마무리용으로 동일하게 날의 앞면을 갈아줍니다. 앞날이 뒤로 조금 꺾일 때까지 갈아줍니다.

05 마무리용으로 날이 뒤로 휘어진 것이 평평해지도록 몇 번 갈아줍니다.

 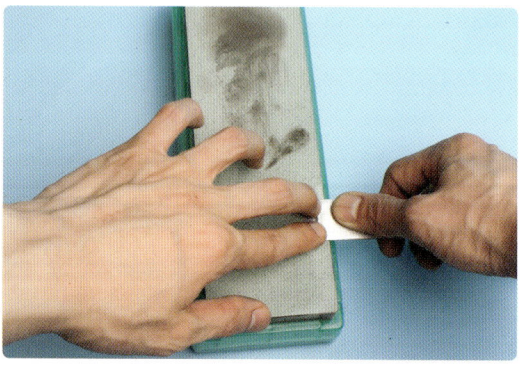

06 루즈스틱대의 상면에 샤프너 오일을 한 두 방울 떨어뜨린 후, 루즈스틱을 발라줍니다.

07 루즈스틱을 발라준 후, 가죽칼의 뒷면, 앞면 3~5회 정도 당겨줍니다.

08 루즈스틱대의 은면에 동일하게 당겨줍니다.

09 부드러운 천으로 잘 닦아주고, 2~3mm 정도 되는 가죽에 힘을 주지 않고 밀어서 재단이 되면 완료됩니다.

날을 가는 것은 힘을 싣는 것보다 일정한 각도를 유지하는 것이 중요합니다. 갈다 보면 숫돌에서 찌꺼기가 나오는데, 이것은 날을 잘 갈 수 있도록 도와주는 중요한 역할을 합니다.

날의 뒷면은 처음에 중간용으로 평평하게 갈아준 후, 마감용으로만 갈아줍니다. 가죽칼은 사용하면 당연히 무뎌지는데요, 날을 갈지 않을 것이라면 그냥 일반 커터칼을 사용하는 것이 낫습니다.

피할용은 날의 경사가 작은 것(10~15도)이 좋고, 재단용은 날의 경사가 큰 것(25~30도)이 좋습니다.

* 평소 보관 시에는 가죽으로 커버를 만들어 보관하면 좋습니다.

Tip 가죽 대패도 가죽칼과 동일한 요령으로 날을 갈아 주면 됩니다.

■ 루즈스틱(금속 연마제)

날은 예리해지지만 날을 갈아주는 도구는 아닙니다. 가죽을 재단하다 보면 탄닌 성분이 칼에 묻어나 날이 잘 나가지 않을 때 사용하면 날이 잘 듭니다.

2 가위

가위는 2개의 날이 교차하여 잘리는 것인데요. 맞닿는 부분이 잘 붙어 있지 않으면 잘 잘리지 않습니다. 본드가 묻거나 녹슬어서는 안 됩니다.

01 먼저 천 사포 150번에 물을 묻혀 날 부분을 갈아줍니다. 이때 날을 너무 갈아주면 날 부분이 동그래져서 잘 안 잘리게 되니 주의해야 합니다.

 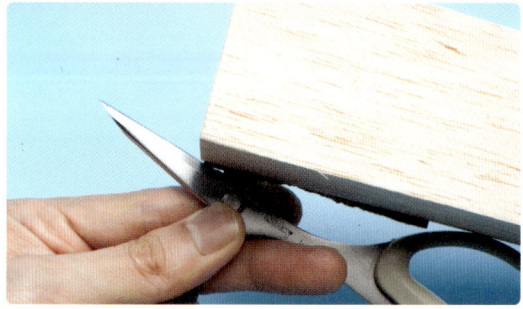

02 다음으로 오일스톤 500번에 미싱 기름을 조금 묻혀 겉 부분을 갈아줍니다. 갈아주는 각도는 60도 정도가 적당합니다.

03 날이 돌아갈 때까지 갈아줍니다. 양날 모두 갈고 천천히 닫아주면 돌아간 날이 평평하게 됩니다.

 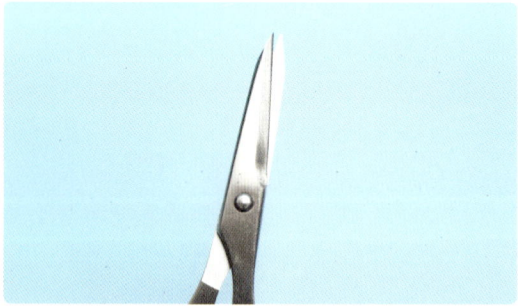

04 루즈스틱대에 샤프너 오일을 몇 방울 떨어뜨리고 루즈스틱대로 날 끝 부분을 5~6회 정도 당겨서 마감해준 후, 부드러운 천으로 닦아줍니다.

Tip 날 끝이 뾰족하기만 하면 뚫리는 것은 잘 뚫리나, 대부분의 구멍을 뚫을 시 각도가 안 맞으면 틀어주거나 할 때 날이 잘 부러질 수 있으므로 날 끝은 약간 힘이 있게 하기 위해 날은 날카롭지만, 납작하게 해주는 것이 이상적입니다.

■ **오일스톤**

습식 숫돌 (물에 담그는 숫돌)은 무르기 때문에 가위나, 송곳 등의 날을 갈기에는 적합하지 않습니다.
반면 건식 숫돌 (오일 스톤)은 강도가 강해 적합합니다. 소량의 샤프너 오일을 흡수시켜 날을 다듬을 때 사용합니다.

3 다이아몬드 송곳

날 가는 법(따라하기)

01 오일스톤에 샤프너 오일을 몇 방울 떨어뜨립니다.

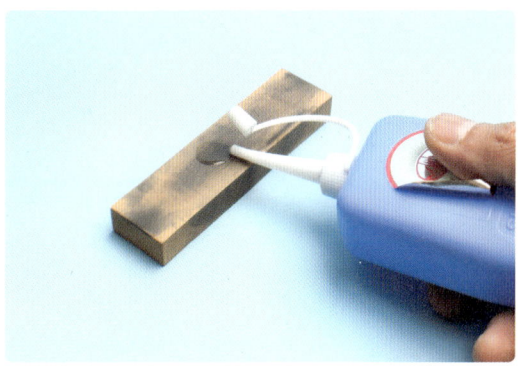

02 다이아몬드 송곳을 고정시켜 다이아몬드 송곳 날을 좌우로 돌리면서 오일스톤을 전후로 움직여 갈아줍니다.

03 다음으로 동일한 마감용으로 날 끝 부분을 마감합니다.

04 루즈스틱대에 샤프너 오일을 몇 방울 떨어뜨린 후, 다이아몬드 송곳을 5~6회 정도 당겨서 마감해줍니다.

날 끝이 뽀족하기만 하면 뚫리는 것은 잘 뚫리나 대부분의 구멍을 뚫을 시 각도가 안 맞으면 틀어지거나 할 때 날이 잘 부러질 수 있습니다. 그러므로 날 끝이 어느 정도 힘이 있게 하기 위해서는 납작하게 해주는 것이 이상적입니다.

■ **다이아몬드 치즐**

다이아몬드 치즐은 200번 정도의 사포로 날 부분을 고르게 다듬어 주면 가죽도 잘 뚫리고 잘 빠집니다.

■ **엣지베베러**

엣지베베러는 받쳐주는 중간 부분이 날로 되어 있습니다. 이 날 부분을 갈아줘야 합니다.

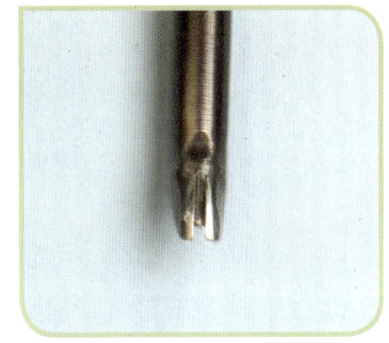

01 날을 갈 때는 엣지베베러용 봉과 사포 1000번이 필요합니다.
최근에는 엣지베베러용 봉이 제품 구입 시 동봉되어 있는 경우가 많으나 만약 봉이 없다면 이쑤시개 같은 것으로 하여도 무방합니다.

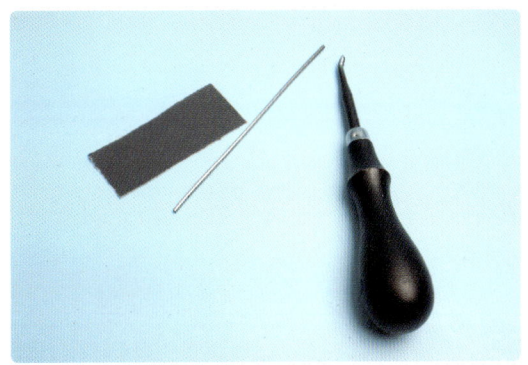

02 엣지베베러용 봉에 적당한 사이즈의 1000번 사포를 올려놓습니다.

03 엣지베베러의 날 부분이 닿도록 당겨줍니다. 수차례 반복하여줍니다. 가죽에 날이 잘 드는지 안드는지 확인해가면서 해줍니다(샤프너 오일을 한 두방울 떨어뜨린 후 갈면 더 잘 갈립니다).

Tip 사포가 너무 거칠거나 너무 많이 갈아 주면 날 부분이 너무 짧아지니 주의하세요.

Part 2

만들기

Hand sewing Leather Craft

컵받침

가죽의 재단면과 상면 마감으로 만들 수 있는 간단하고도 심플한 컵받침. 가죽의 자연스러운 색감과 컵의 조화가 차 맛을 한결 높여줄 수 있겠죠. 받침대와 덮개로도 사용할 수 있어 유용하게 사용할 수 있는 컵받침은 가죽공예의 가장 기본적인 제작이라고 볼 수 있습니다. 간단한 것부터 시작해본다는 생각으로 만들어 보세요.

마우스패드

가죽의 질감에 따라 움직임의 만족감을 더해주는 마우스패드. 지극히 단순한 평면 사각으로 만들어졌지만 가죽공예를 배우는 데 있어서 가장 기본적인 재단과 마감, 장식선 긋기 등을 배울 수 있습니다.

POINT 가죽 재단, 재단면 및 상면 마감, 장식선 긋기

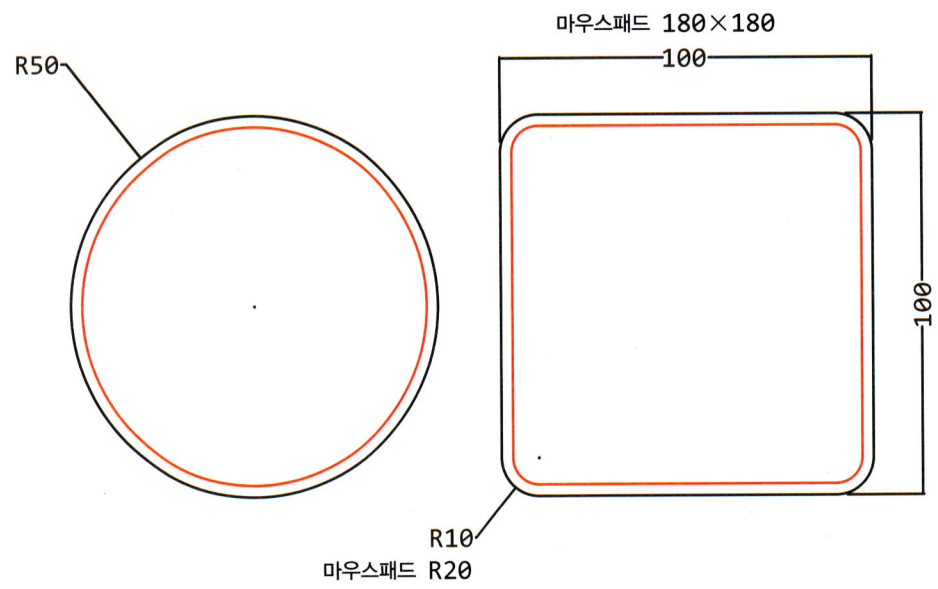

단위: mm

CHECK

공구

| 라운드 오울 | 가죽칼 | 유리판 | 엔티드렛서 |
| 엣지베베러 | 토코놀 | 슬리커 | 크리저 |

재료

가죽두께 2~3mm

1 도안을 가죽에 라운드 송곳으로 옮깁니다.

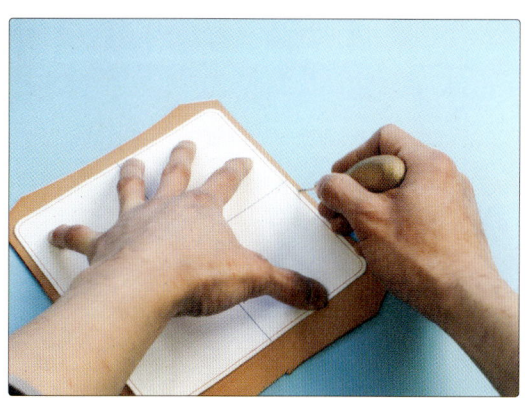

2 가죽칼을 이용하여 재단합니다.

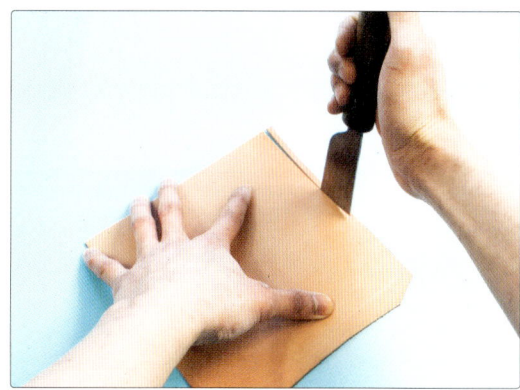

3 토코놀을 발라 유리판으로 문질러 가죽의 상면을 마감해줍니다.

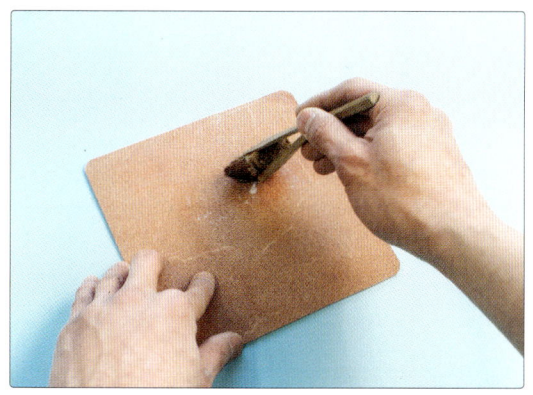 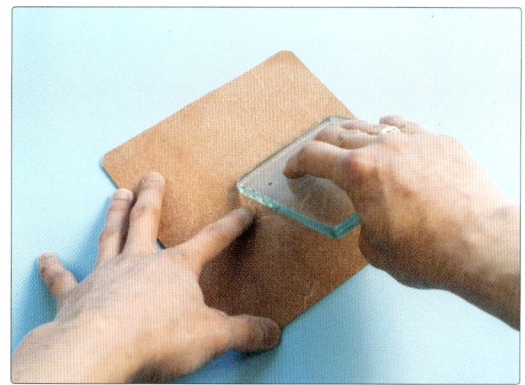

4 재단면이 직각이 되도록 엔티드렛서로 다듬어 줍니다(라운드는 각이 져 있을 수 있으니 특별히 신경써서 매끈하게 되도록 다듬어 줍니다).

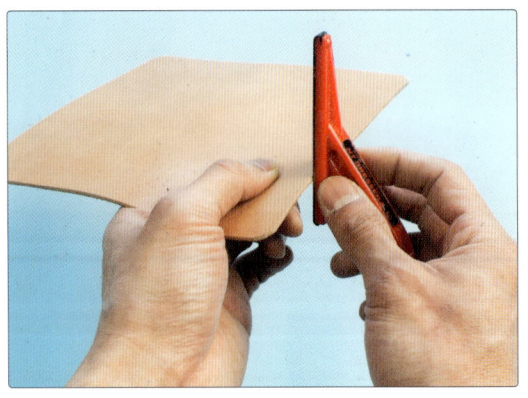
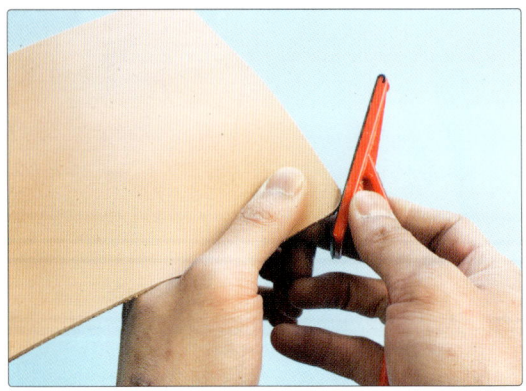

5 크리저로 장식선을 그어줍니다.

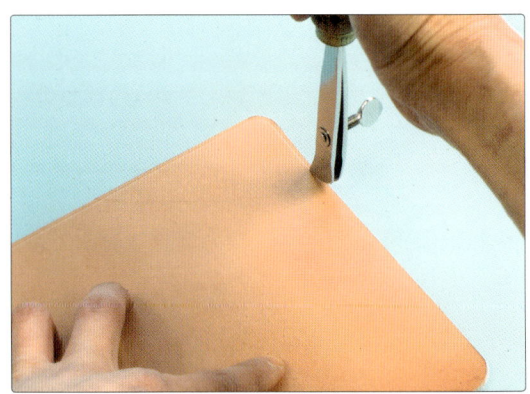

6 엣지베베러로 모서리를 깎아줍니다.

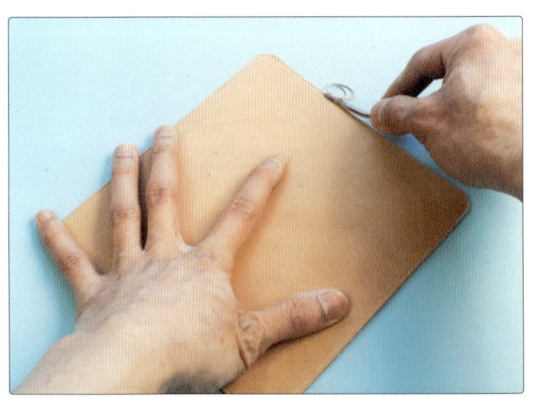

7 재단면에 토코놀을 발라 슬리커로 문질러 마감해줍니다.

8 아크릴수지계 마감제로 재단면 마감을 원할 시에는 1000번 사포로 다듬은 후, 이리스를 2~3회 발라줍니다.

 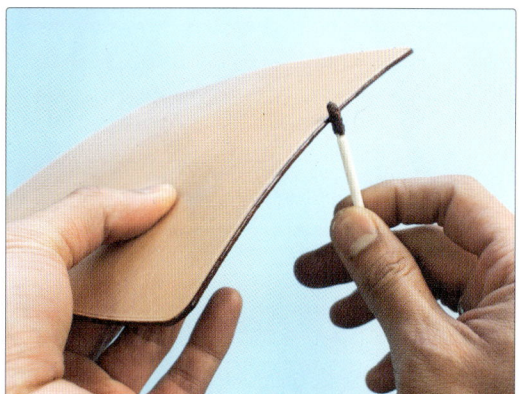

Hand sewing Leather Craft

카드케이스

휴대하기 편하고 지갑보다 카드를 보관하기 편리한 카드케이스. 좀 더 실용적으로 사용할 수 있는 지갑 중 하나이지요. 리벳과 와이어 스냅을 이용하여 여러 장의 카드와 통장이 수납 가능한 심플한 카드케이스를 만들어 보세요.

통장케이스

은행은 가야 하는데 서랍에 넣어두고 한참동안 찾게 되는 통장. 홈패션이나 DIY를 하는 사람들이 한번쯤은 만들게 되는 통장케이스입니다. 오랫동안 보관해도 변하지 않는 가죽을 이용하여 통장케이스를 만들어 보세요.

카드케이스, 통장케이스 | 129

POINT 재단면 마감, 리벳 부착, 와이어 스냅 부착, 카드 속지 부착

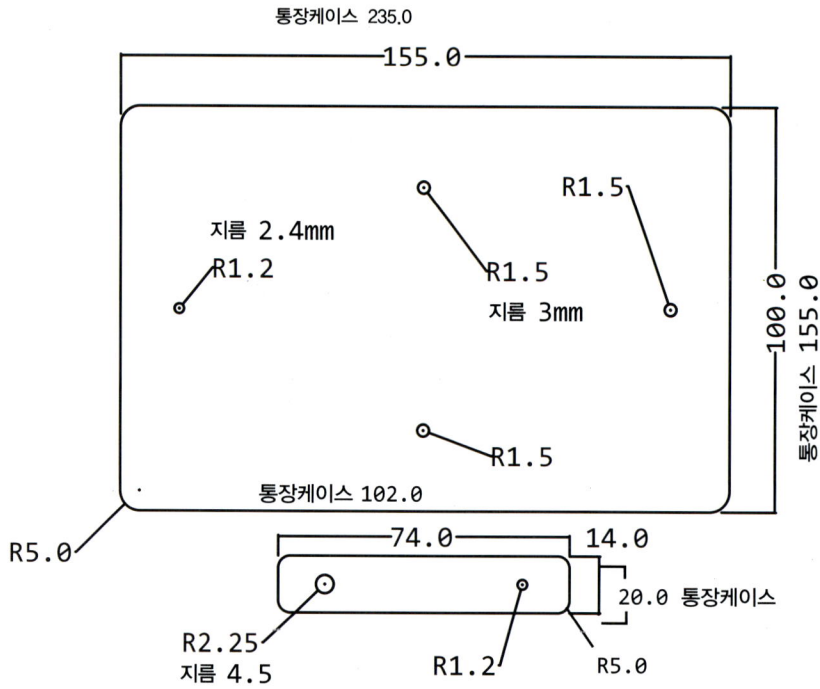

CHECK

단위: mm

공구
라운드 오울, 은펜, 가죽칼, 유리판, 엔티드렛서, 엣지베베러, 토코놀, 슬리커, 만능쇠판, 10mm 와이어 스냅 세터, 리벳 세터(9mm), 망치, 고무판, 크리저, 펀치(8호, 10호, 15호)

재료
가죽두께 2mm, 9mm 리벳 3개, 와이어 스냅 한 개, 통장 속지 혹은 카드 속지 추가

1 도안을 옮겨 재단합니다. 구멍을 뚫을 위치는 은펜으로 표시합니다. 비닐 속지는 유성펜으로 표시합니다.

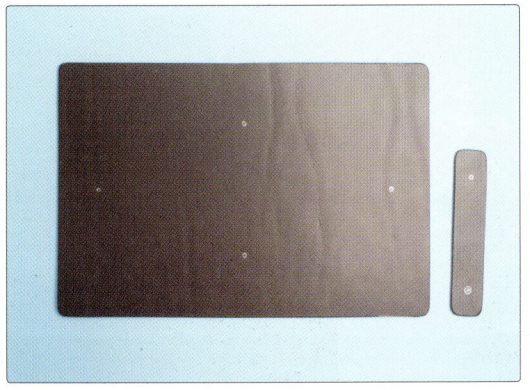

2 상면을 토코놀로 마감합니다.

3 재단면을 직각이 되도록 엔티드렛서로 자릅니다.

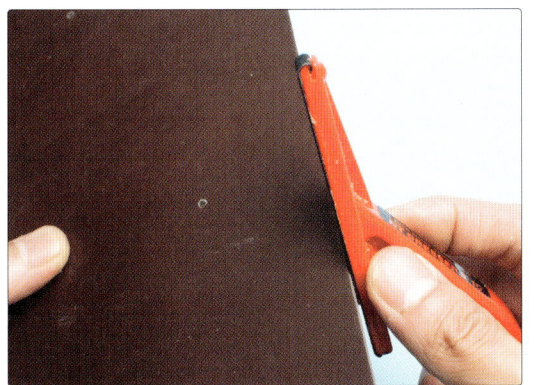

4 크리저로 장식선을 그어줍니다.

5 엣지베베러로 모서리를 깎고 토코놀을 발라 슬리커로 문질러 마감합니다.

6 금속 장식 부착할 부분의 구멍을 뚫습니다.

7 와이어 스냅을 부착합니다.

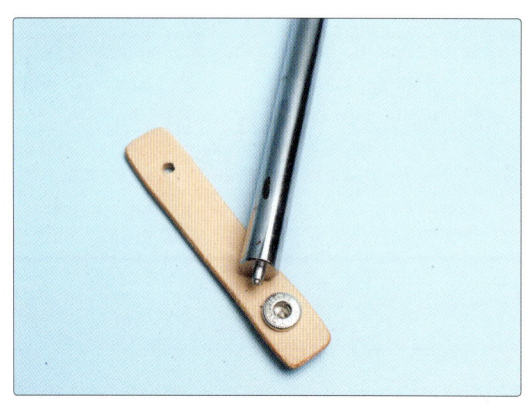

8 가죽과 속지에 리벳을 부착하여 고정시킵니다.

Hand sewing Leather Craft

명함지갑

명함 교환할 때 당신을 더욱 세련되게 보여주는 명함지갑. 원하는 가죽 색상을 이용하여 자신에게 어울리는 명함지갑을 만들어 보세요. 여기서는 가죽을 접착하는 작업과 중요한 바느질 작업을 배워 보세요.

POINT 사이비늘 접착, 바느질, 접착면 마감

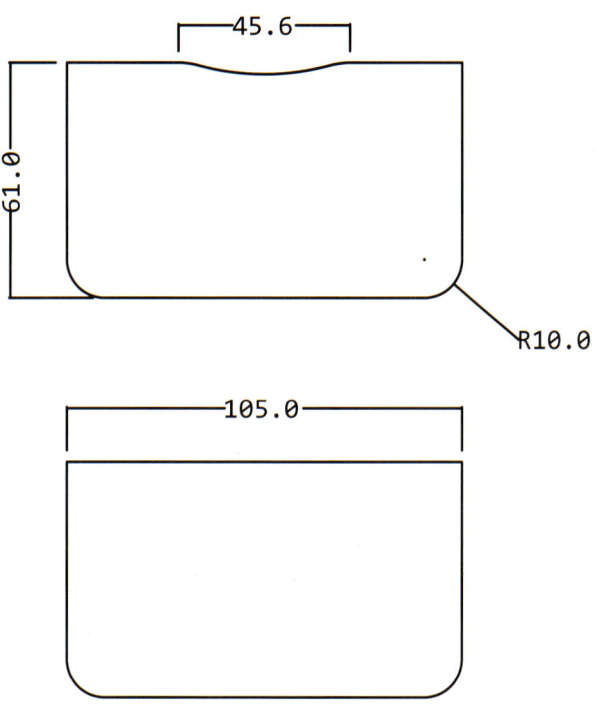

CHECK

공구

| 라운드 오울 | 가죽칼 | 유리판 | 엔티드렛서 | 엣지베베러 | 토코놀 | 슬리커 | 망치 |

| 고무판 | 롤러 | 크리저 | 본드 스쿱 | 사이비놀 | 바늘 실(리넨) | 바느질용왁스 | 디바이더 |

다이아몬드 차즐 3mm

재료
가죽두께 1mm

명함지갑 | 135

1 도안을 라운드 송곳으로 가죽에 옮깁니다.

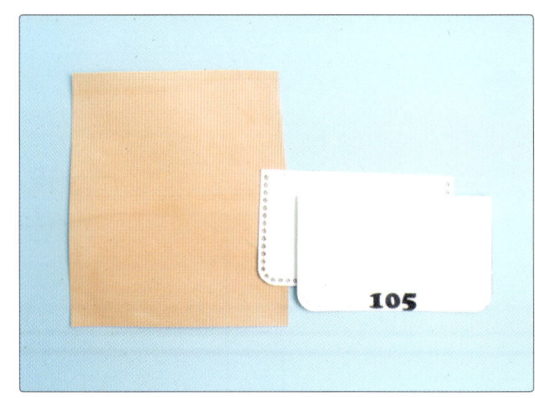

2 상면에 토코놀을 발라 유리판으로 문질러 마감합니다.

| TIP |

재단 전에 상면을 먼저 마감하게 되면, 은면에 토코놀이 묻어나는 것을 방지할 수 있습니다.

3 가죽칼을 이용하여 재단합니다.

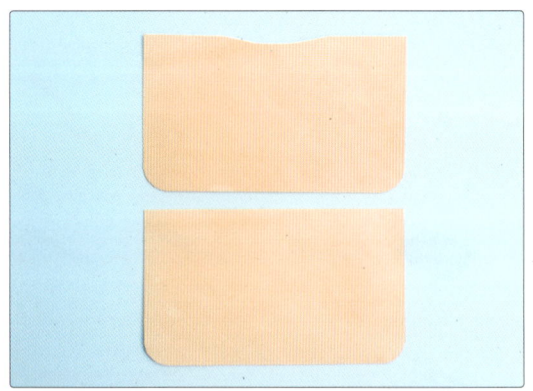

4 접착할 부분을 디바이더로 표시하고, 상면의 털을 엔티드렛서로 일으킵니다.

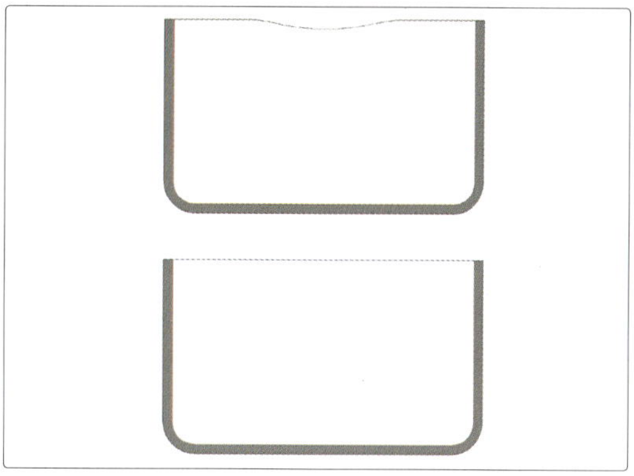

5 엔티드렛서로 재단면을 직각으로 다듬고, 크리저로 장식선을 그어줍니다.

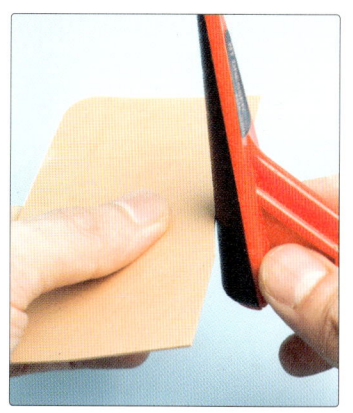
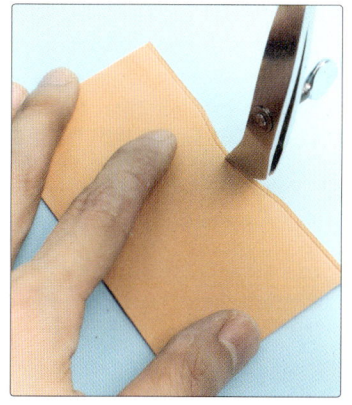
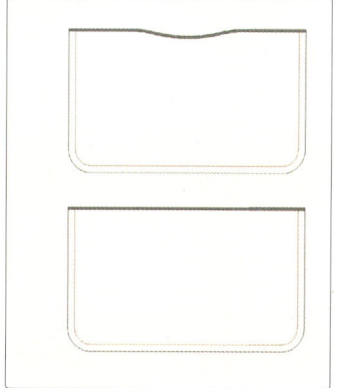

| TIP |

마감(5번)을 먼저 하고, 접착 부분의 털을 일으키게 되면 마감한 부분이 지저분하게 됩니다.

6 엣지베베러로 모서리를 깎은 후 토코놀을 발라 슬리커로 문질러 마감해줍니다.

| TIP |

케이스의 카드수납 부분은 접착 후에 마감이 불가능하므로, 접착 전에 마감을 먼저 해줍니다.

7 4번에서 털을 일으킨 부분에 사이비놀을 접착할 양면에 발라 롤러로 압착해 접착합니다.

 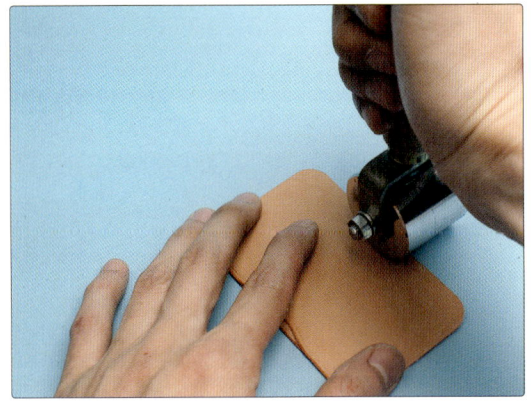

TIP

접착 시에는 손에 들지 말고, 평평한 바닥에 내려놓고 눌러서 접착합니다(들고 접착 시에는 접착면이 울 수 있습니다).

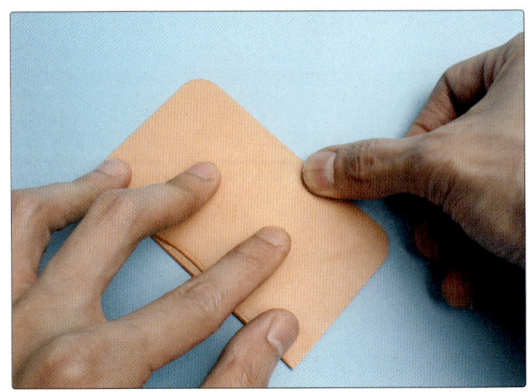

8 접착면에 오차가 있으면 가죽칼로 재단하고, 엔티드렛서로 재단면을 다듬어줍니다.

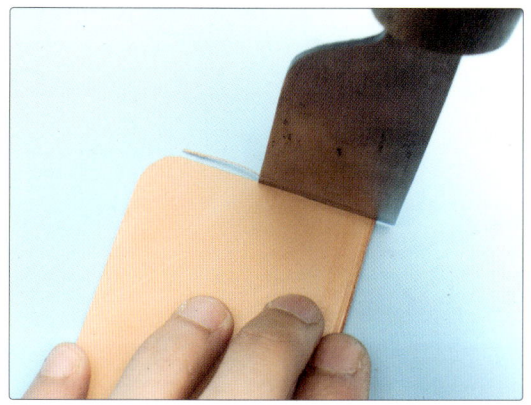
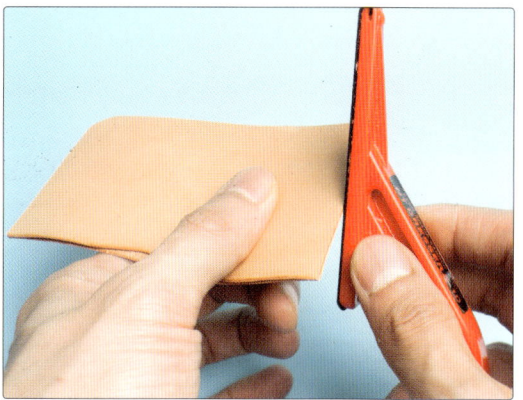

9 크리저 혹은 디바이더로 바느질 선을 그어주고, (간격 약2.5~3.0mm 정도) 다이아몬드 치즐로 바느질 구멍을 뚫어줍니다.

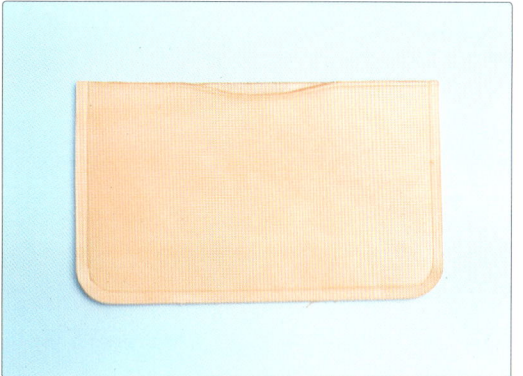

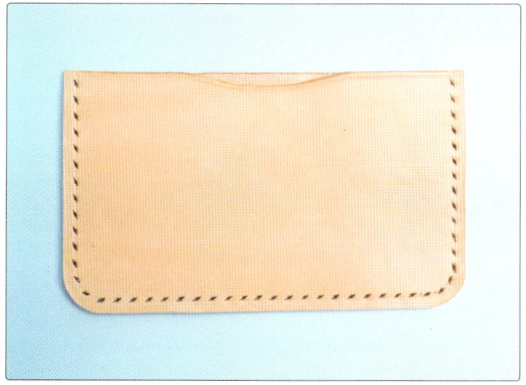

10 접착면을 엣지베베러로 모서리를 깎아주고, 토코놀을 발라 슬리커로 문질러 마감해줍니다.

11 바느질을 합니다.

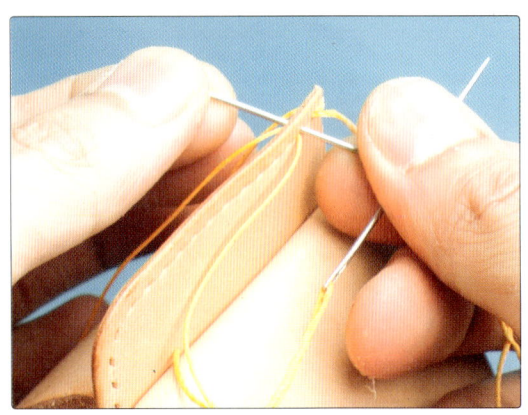 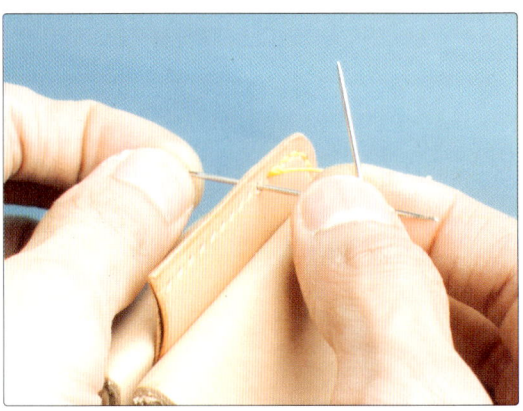

12 완성된 명함지갑입니다. 바느질 마감이 잘 되었는지 확인합니다.

TIP

명함 케이스의 입구 부분은 수납 부분으로 벌어지면서 힘을 많이 받으므로 바느질의 시작과 끝은 이중으로 바느질해주고, 바느질 마감은 바느질 마감1로 합니다.

Hand sewing Leather Craft

팔찌1

가죽으로 만들어진 팔찌는 평범한 손목을 유난히 돋보이게 합니다. 평범한 의상이더라도 가죽으로 만든 팔찌하나면 확실한 시선을 줄 수가 있습니다.

POINT 스터드 부착, 섬세한 가죽 재단

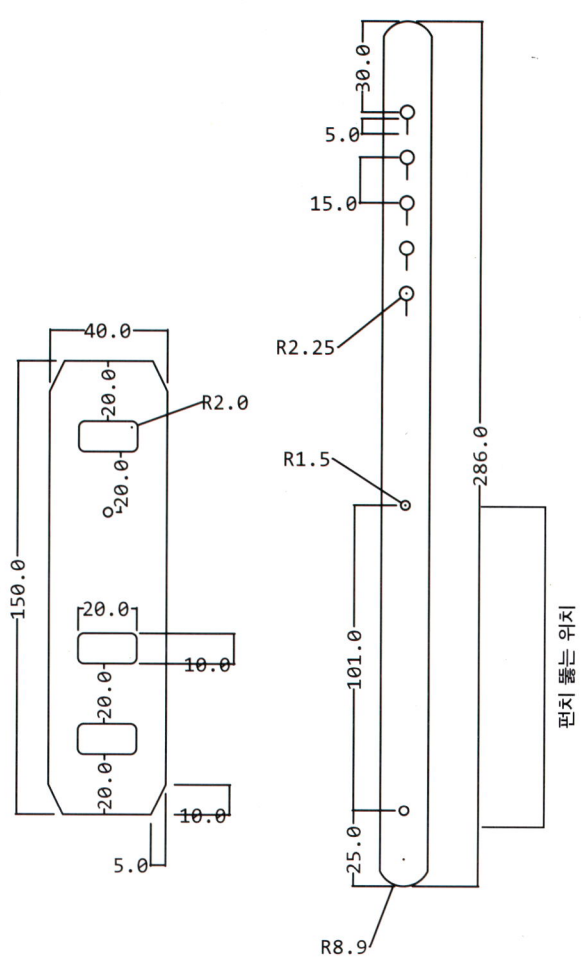

CHECK

공구

펀치 · 엔티 커터 · 드라이버 · 가죽칼 · 스트랩 커터 · 슬리커 · 토코놀
6mm 치즐 · 펀치 · 망치 · 고무판 · 유리판 · 리벳 세터(9mm)

재료
가죽두께 3mm, 9mm 더블 리벳 1개, 스터드 g-51 추가

1 도안을 가죽에 옮기고(재단선은 라운드 송곳으로, 펀치로 구멍 뚫는 부분은 은펜으로 표시합니다), 가죽칼로 재단합니다.

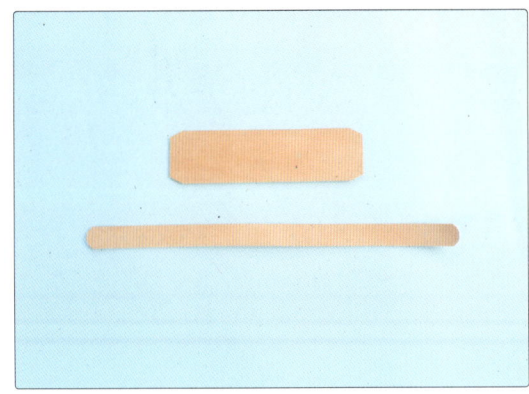

2 상면에 토코놀을 발라 유리판으로 문질러 마감해줍니다.

3 섬세한 안쪽의 재단 부분은 펀치와 엔티 커터를 이용해 재단해줍니다.

 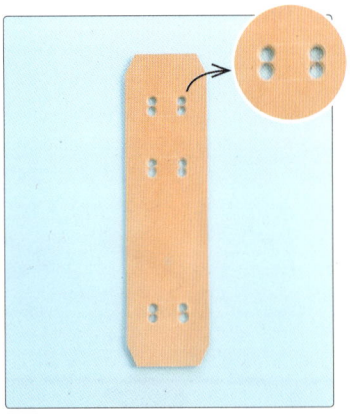 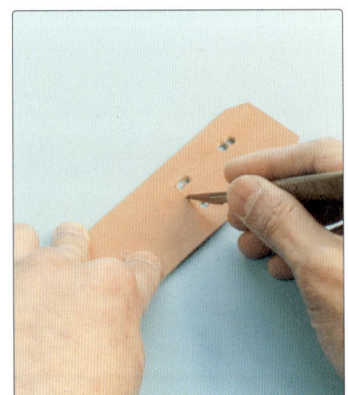

4 재단면을 엔티드렛서로 다듬어 주고 모서리를 엣지베베러로 깎아줍니다.

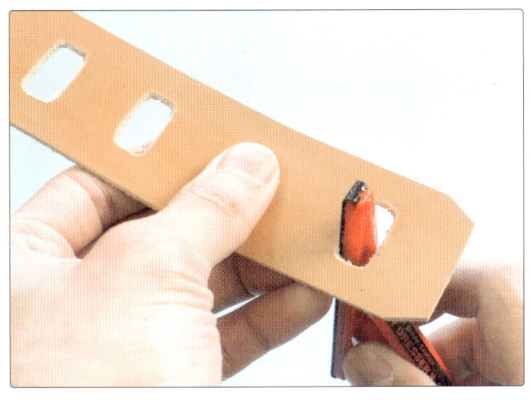
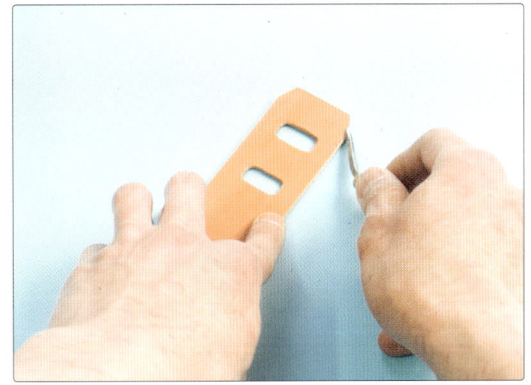

5 재단면에 토코놀을 발라 슬리커로 문질러 마감해줍니다.

| TIP |
안쪽 재단 부분은 슬리커 홈이 아닌 평평한 부분으로 문질러 마감해주면 좋습니다.

6 리벳 부착 부분을 펀치 10호로 구멍을 뚫어줍니다.

7 9mm 더블 리벳을 만능쇠판을 밑에 대고 리벳 세터를 망치로 가격하여 부착해줍니다.

8 스터드를 부착할 부분에 펀치 8호로 구멍을 뚫어줍니다.

9 스터드를 끼고, 일자 드라이버로 조여서 고정시켜줍니다.

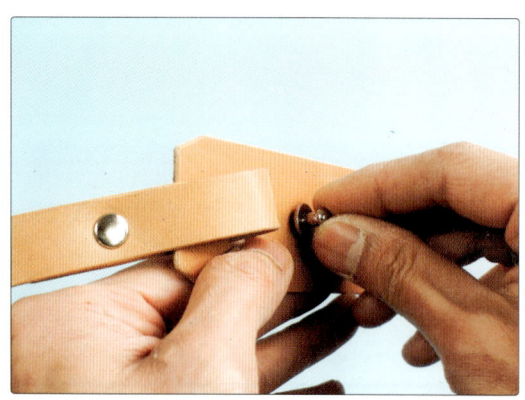 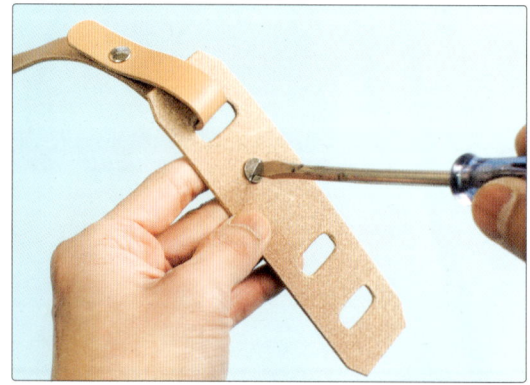

10 스터드 머리가 끼워 고정되는 스트랩 부분을 펀치 15호로 구멍을 뚫고, 치즐 6mm로 구멍을 뚫어줍니다.

| TIP |

스터드 나사 구멍에 클리어 본드를 조금 발라 넣으면 풀리는 것을 방지할 수 있습니다.

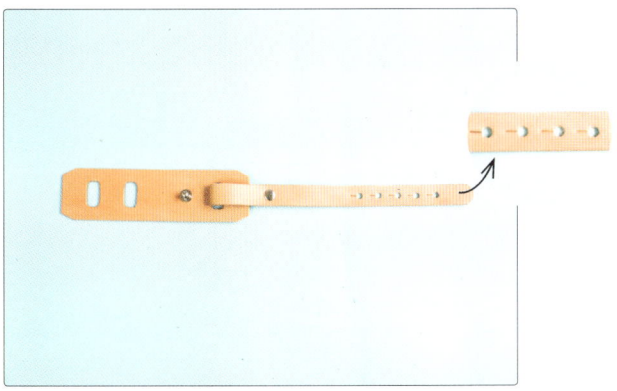

Hand sewing Leather Craft

팔찌 2

단순한 팔찌를 넘어서 돔리벳으로 포인트를 준 팔찌를 만들어 보세요. 조금 강렬한 인상을 줄 수 있는 무대의상이나 특별한 곳에서 더욱 빛을 발합니다.

POINT 고무계 본드 접착, 돔리벳 부착, 스냅 부착

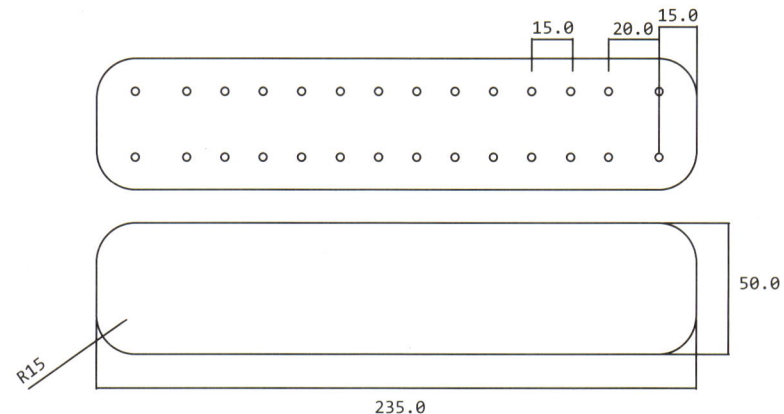

단위: mm

CHECK

공구

가죽칼 · 라운드 오울 · 은펜 · 펀치(10호, 12호) · 돔리벳 세터(9mm) · 스냅 세터(13mm) · 만능쇠판 · 고무판
망치 · 슬리커 · 토코놀 · 엣지베베러 · 엔티드렛서 · 슈퍼크래프트 본드 · 롤러 · 본드 스쿱

재료

가죽두께 1.5mm, 9mm 돔리벳 26개, 스냅 13mm 2개

1 도안을 가죽에 옮기고, 가죽을 재단해줍니다.

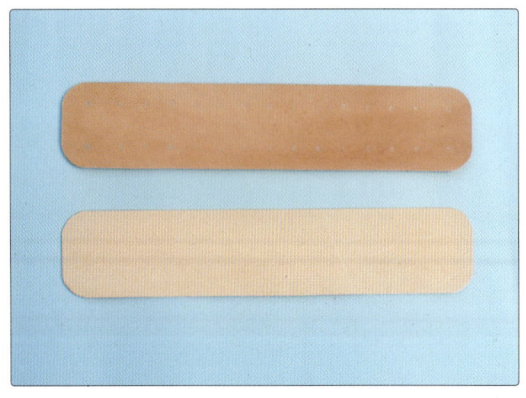

2 접착할 가죽의 상면을 엔티드렛서로 털을 일으켜줍니다.

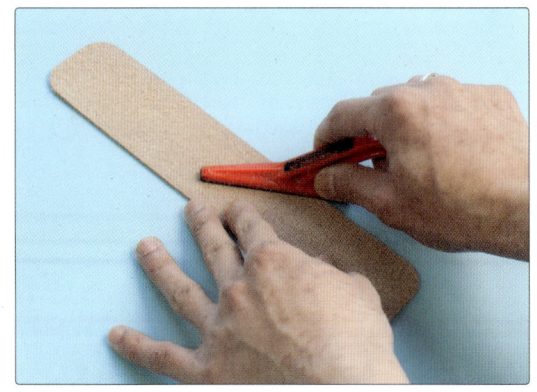

3 돔리벳을 부착할 부분을 펀치 10호로 구멍을 뚫어줍니다.

4 만능쇠판을 깔고, 9mm 돔리벳을 돔리벳 세터로 부착해줍니다.

 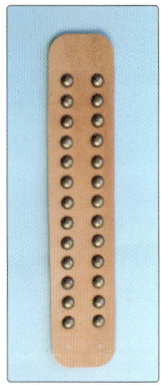

5 접착할 두 면에 슈퍼크래프트 본드를 얇게 펴서 발라주고 건조 후 롤러를 이용하여 압착해줍니다.

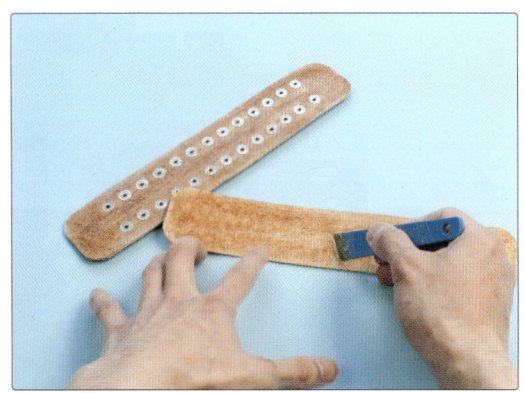 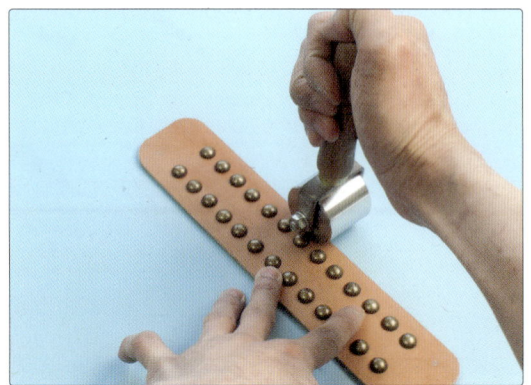

6 접착면의 오차를 가죽칼로 재단하고 엔티드렛서를 이용해 접착면을 고르게 다듬어줍니다.

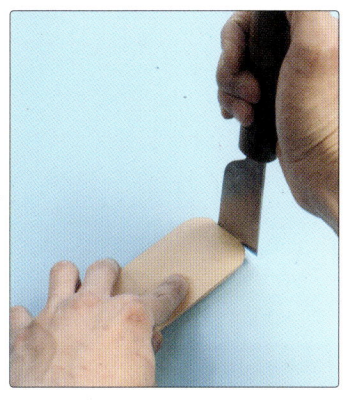 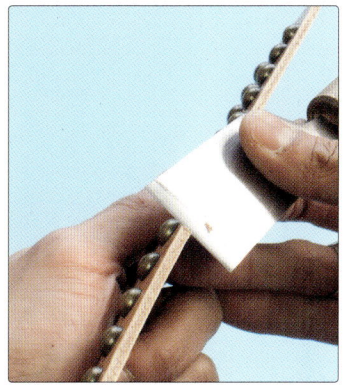 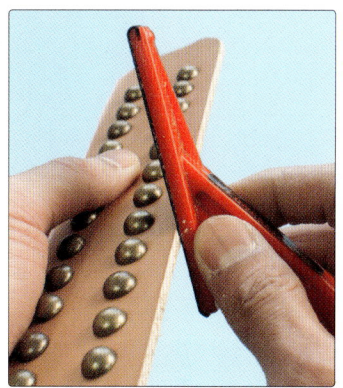

7 엣지베베러로 모서리를 깎고 접착면에 토코놀을 발라 슬리커로 문질러 마감해줍니다.

8 스냅을 부착할 부분을 12호 펀치로 구멍을 뚫어줍니다.

9 만능쇠판을 깔고, 13mm 스냅을 스냅 세터로 부착해줍니다.

Hand sewing Leather Craft

열쇠케이스

가방에 열쇠 넣어두었는데 어디다 두었지? 항상 헤매던 습관, 쉽게 버리지 못하지요. 그렇다면 잘 보이게끔 하는 것은 어떨까요? 가죽의 고급스러움에서 오는 케이스를 열쇠와 함께 보관해 보세요. 좋아하는 색상의 실을 이용하여 가죽에 포인트를 주면 더욱 세련된 케이스를 만들어 볼 수 있어요.

POINT 층이 있는 부분 바느질, 열쇠걸이 부착

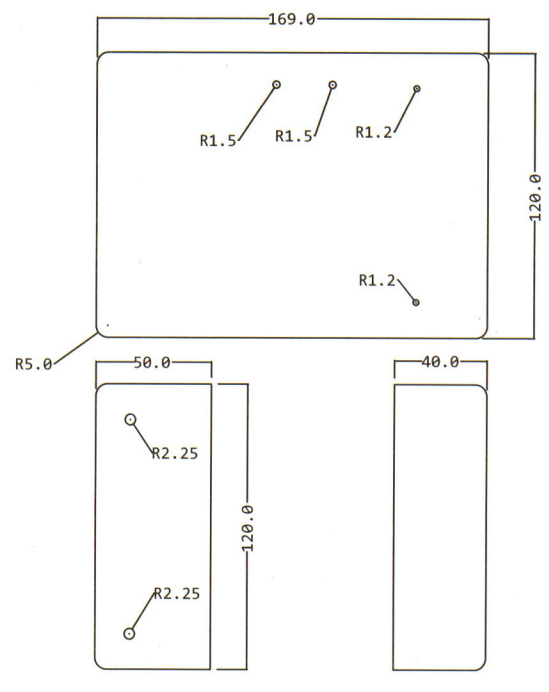

단위: mm

CHECK

공구

라운드 송곳 | 은펜 | 가죽칼 | 유리판 | 토코놀 | 크리저 | 엔티드렛서 | 슬리커
엣지베베러 | 사이비놀 | 본드 스쿱 | 펀치(8호, 10호, 15호) | 롤러 | 와이어 스냅 세터(10mm) | 리벳 세터(6mm) | 만능쇠판
다이아몬드 치즐(4mm) | 고무판 | 망치 | 바늘, 실

재료
가죽두께 1.2mm, 2mm, 열쇠걸이, 6mm 리벳 2개, 10mm 와이어 스냅 2개

1 도안에 맞춰서 재단합니다(금속 장식 부착 위치 은펜으로 표시합니다).

2 토코놀을 바르고, 유리판으로 상면 마감합니다.

3 접착할 부분을 라운드 송곳과 디바이더로 표시 후, 엔티드렛서로 상면 털을 일으킵니다.

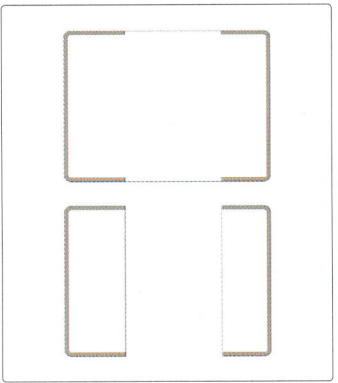

4 접착하여 마감할 수 없는 부분은 장식선으로 긋고, 토코놀을 발라 슬리커로 문질러서 마감합니다.

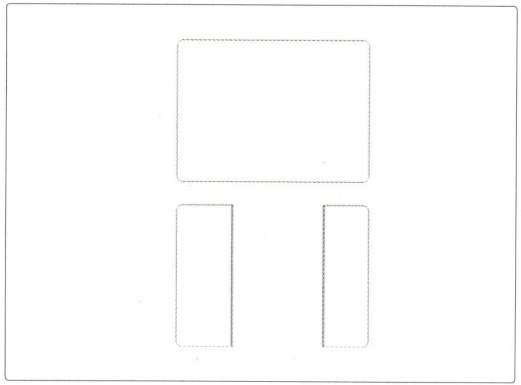

5 금속 장식 부착 부분을 펀치로 구멍을 뚫습니다(6mm 리벳 – 펀치 8호, 와이어 스냅 머리 – 15호, 밑 – 8호).

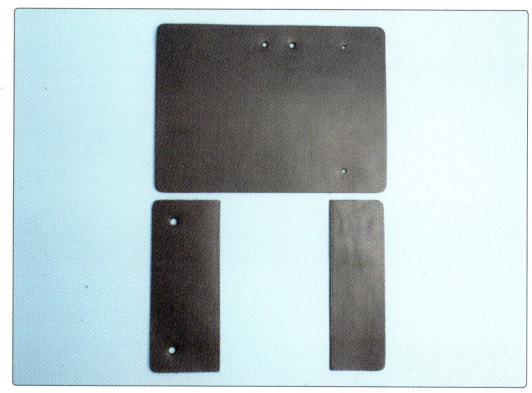
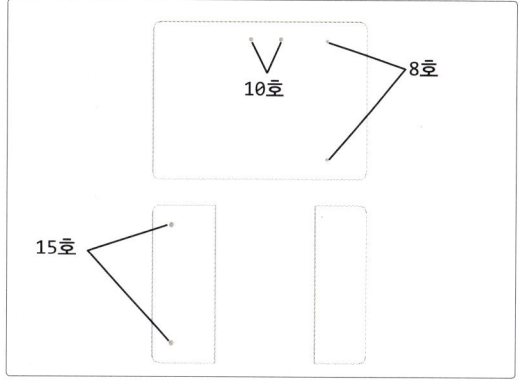

6 10mm 와이어 스냅 만능쇠판을 받치고 와이어 스냅 세터로 부착합니다.

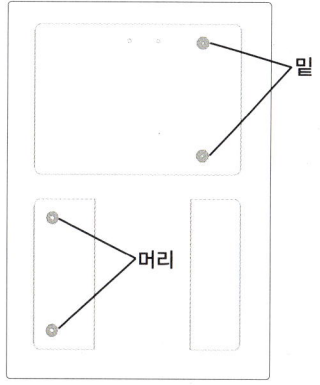

| TIP |

접착 후에는 와이어 스냅 부착이 불가능해지므로 반드시 미리 부착해야 합니다.

7 상면에 털을 일으킨 부분에 사이비놀을 양면에 발라 롤러로 압착하여 접착합니다.

8 접착면 오차를 가죽칼로 정리하고, 엔티드렛서(평면)로 다듬어줍니다.

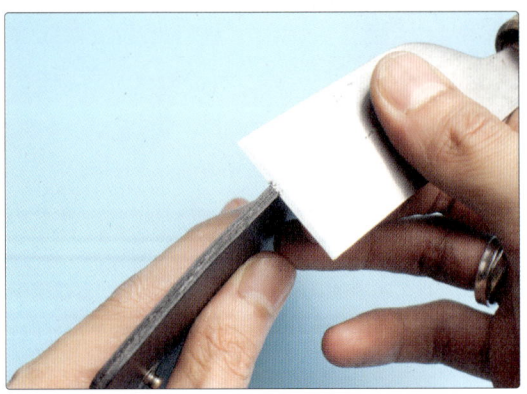

9 크리저 혹은 디바이더로 바느질 선을 긋고, 4미리 다이아몬드 치즐로 바느질 구멍을 뚫어줍니다. 바느질 구멍 뚫을 시에는 접착해서 이중이 된 부분은 가죽의 끝이 찢어지지 않도록 주의하세요.

층이 있는 부분은 같은 두께의 가죽을 받쳐놓고 뚫어야 가죽이 밀리지 않습니다.

10 재단면을 엣지베베러로 모서리를 깎고 토코놀을 발라 슬리커로 문질러서 마감합니다.

11 바늘질을 합니다.

12 열쇠걸이를 6㎜ 싱글 리벳으로 부착하여 고정시켜줍니다.

13 완성된 열쇠케이스입니다.

Hand sewing Leather Craft

와이어동전지갑

가방이나 주머니에 동전을 넣고 다니면 매우 불편합니다. 없으면 필요하고 있으면 귀찮은 존재가 바로 동전이 아닐까 합니다. 그 불편함을 없애 줄 해결사가 바로 동전지갑이 아닐까요? 와이어를 이용해 손쉽게 여닫을 수 있는 동전지갑을 만들어보세요.

POINT 도안에 미리 표시된 바느질 구멍 뚫기, 개폐 와이어 부착.

단위: mm

CHECK

공구

라운드 송곳 · 토코놀 · 유리판 · 가죽칼 · 엔티드렛서 · 크리저 · 엣지베베러 · 슬리커
다이아몬드 치즐(4mm) · 바늘, 실 · 바느질용 왁스 · 사이비놀 · 본드 스쿱 · 접착식 펜치 · 집게 · 펜치

재료
가죽두께 1.2mm, 개폐 와이어

1 도안을 옮기고, 재단해줍니다.

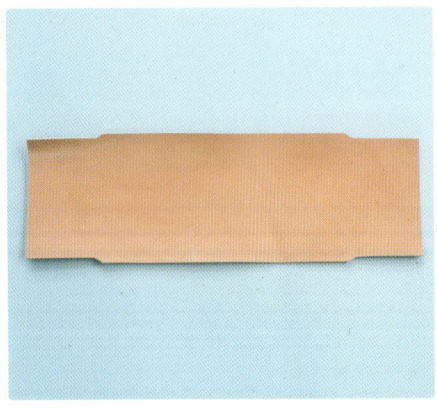

| TIP |

도안을 옮길 때, 표시된 바느질 구멍을 라운드 송곳 혹은 다이아몬드 치즐로 표시해줍니다.

2 상면에 토코놀을 발라 유리판으로 문질러 마감해줍니다.

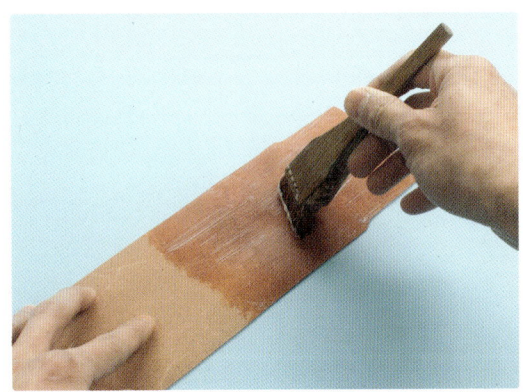
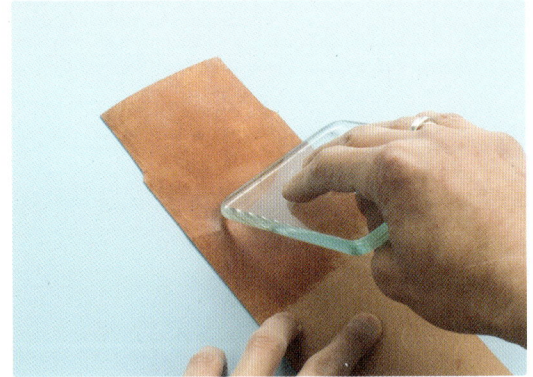

3 재단면을 엔티드렛서로 다듬어주고, 크리저로 장식선을 그어줍니다.

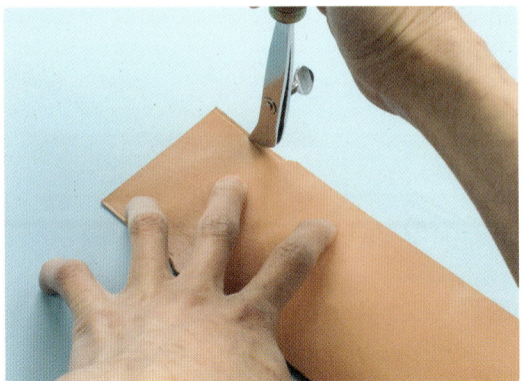

4 접착할 부분을 크리저 혹은 디바이더로 표시 후, 엔티드렛서로 털을 일으켜줍니다.

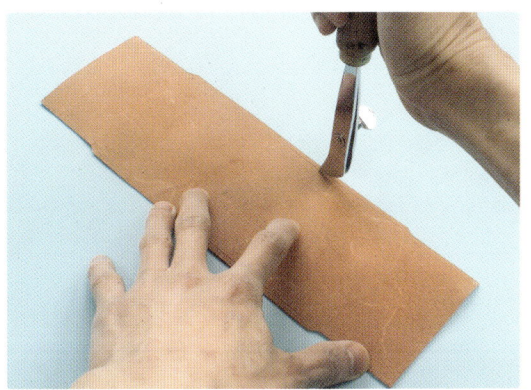

5 재단면을 엣지베베러로 모서리를 깎아주고, 토코놀을 발라 슬리커로 문질러 마감해줍니다(가죽이 얇아 엣지베베러로 깎기 힘들므로 가죽을 겹쳐서 두께를 만들어 깎아줍니다).

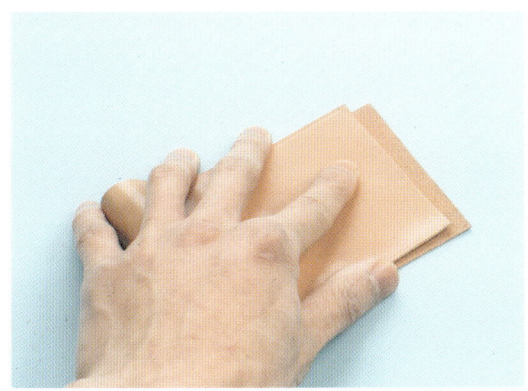
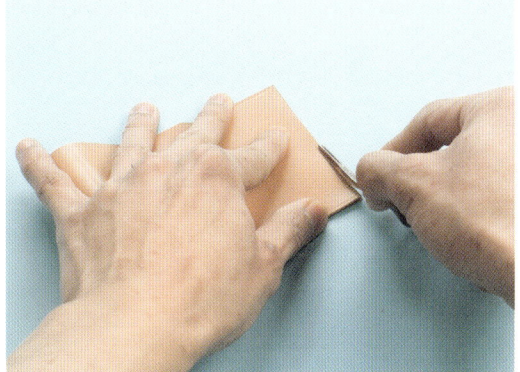

6 바느질 구멍을 미리 표시해놓은 부분을 다이아몬드 치즐로 구멍을 뚫어줍니다.

7 바느질을 해줍니다(양 끝은 벌어지는 부분이므로 이중으로 바느질합니다).

8 사이비놀을 발라 압착해서 접착을 해줍니다(접히는 부분이 벌어지지 않도록 집게로 본드가 건조되기 전까지 집어둡니다).

9 재단면의 오차를 깎아내고, 엔티드렛서로 다듬어줍니다.

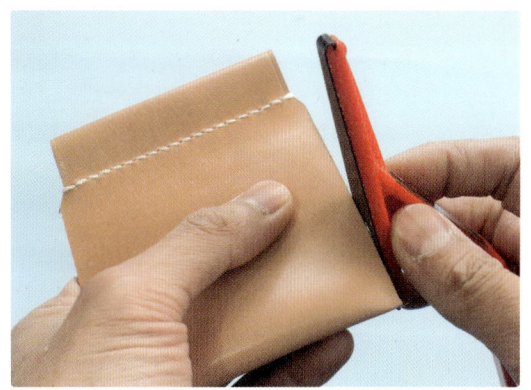

10 바느질 구멍 뚫을 선을 크리저 혹은 디바이더로 표시하고 다이아몬드 치즐로 구멍을 뚫어줍니다.

11 엣지베베러로 접착면의 모서리를 깎고, 토코놀을 발라 슬리커로 문질러 마감해줍니다.

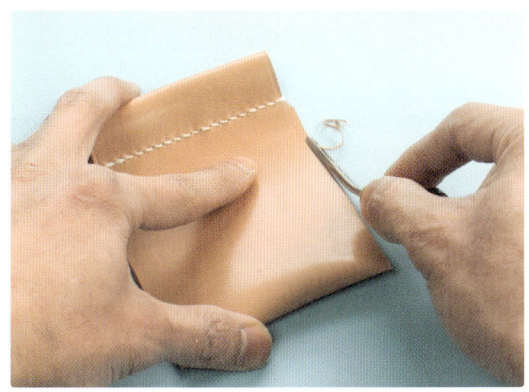

12 바느질을 해줍니다.

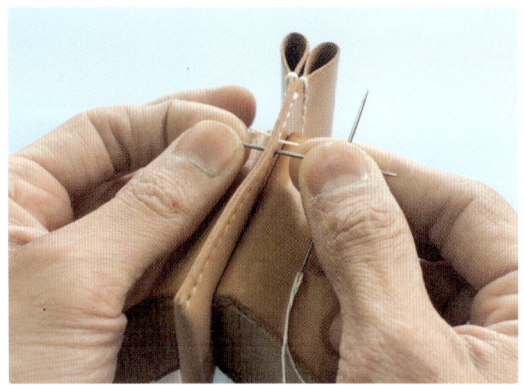
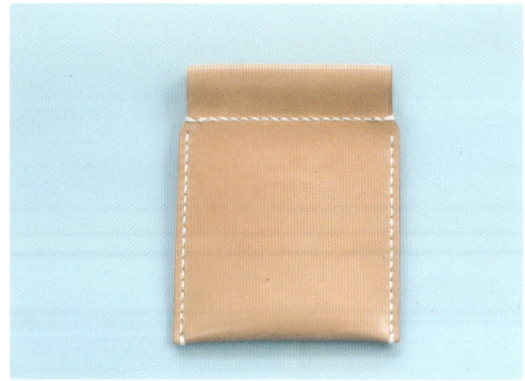

13 개폐와이어를 끼고, 펜치로 고정 핀을 끼워줍니다.

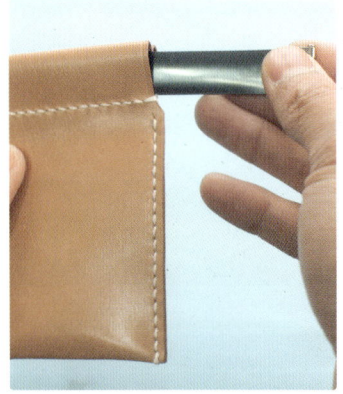

Hand sewing Leather Craft

펜트레이

책상에 널려 있는 것들을 정리하고 보관할 때 편리한 펜트레이. 공구를 편리하게 사용하기 위해 가죽공예를 하는 분들이 만들어 사용하는 공구함이기도 합니다. 도안과 바느질로 마무리할 수 있는 비교적 어렵지 않은 작업입니다. 간단하게 만들어 사용해 보세요.

POINT X자 바느질, 치즐로 바느질 구멍뚫기

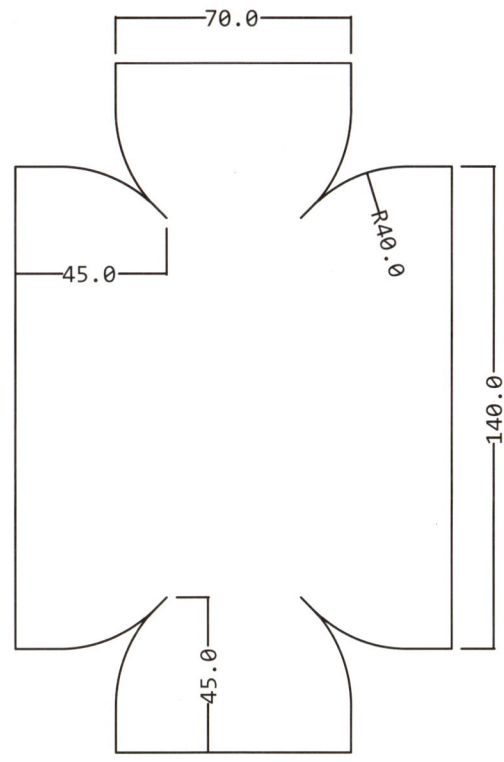

단위: mm

CHECK

공구

라운드 송곳 / 가죽칼 / 엔티 커터 / 엔티드렛서 / 슈퍼크래프트 본드 / 롤러 / 크리저 / 엣지비베러

토코놀 / 슬리커 / 치즐 3mm / 망치 / 고무판 / 바늘, 실 / 바느질용 왁스

재료
- 가죽두께 1.5mm

1 라운드 송곳으로 도안을 옮기고 재단을 합니다.

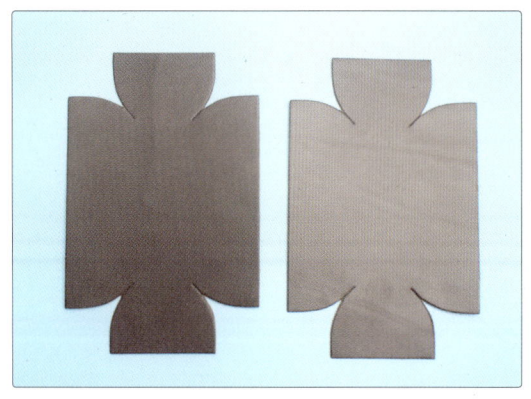

2 접착할 면을 엔티드렛서로 털을 일으켜줍니다.

3 슈퍼크래프트 본드를 양면에 바르고, 건조 후 롤러로 눌러 압착해줍니다.

4 재단면의 오차를 깎아내고, 엔티드렛서로 다듬어줍니다.

5 크리저로 장식선을 그어줍니다.

6 엣지베베러로 모서리를 깎아줍니다. 가능한 부분까지만 깎아냅니다. 깎기 힘든 부분은 엔티 커터로 깎아냅니다.

7 디바이더 혹은 크리저로 바느질 선을 그어줍니다.

8 토코놀을 발라 슬리커로 문질러 마감해줍니다.

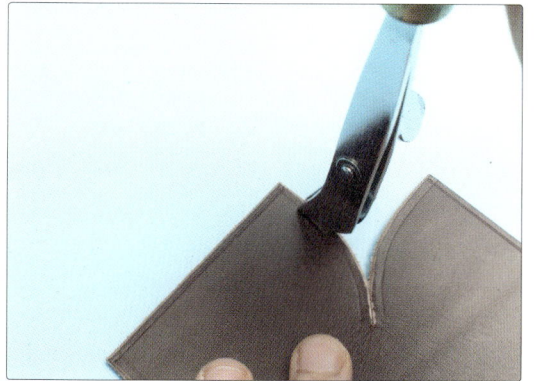 

9 바느질 구멍이 양쪽으로 정확해야 하므로 임시로 표시를 해서 서로 맞는지 확인 후, 바느질 구멍을 뚫어줍니다.

10 마지막으로 바느질을 해줍니다. 순서대로 바느질을 따라해 보세요.

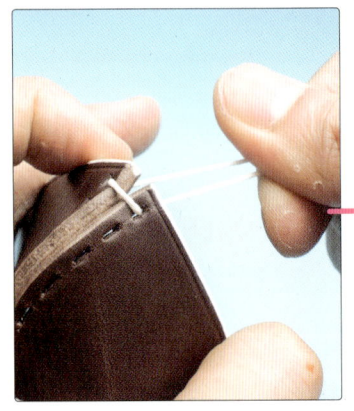  

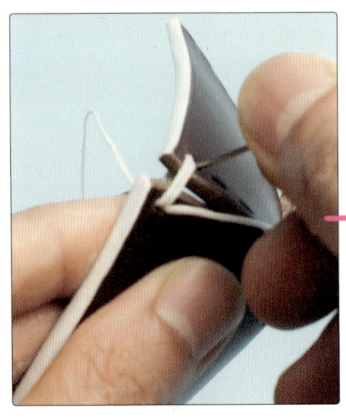  

같은 방식으로 아래까지 바느질합니다.

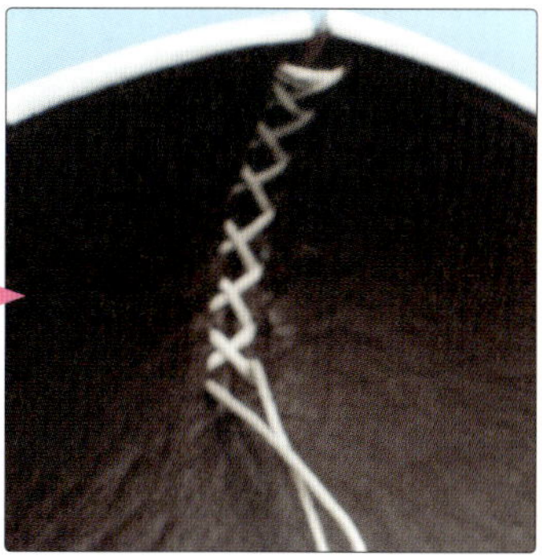

펜트레이바느질

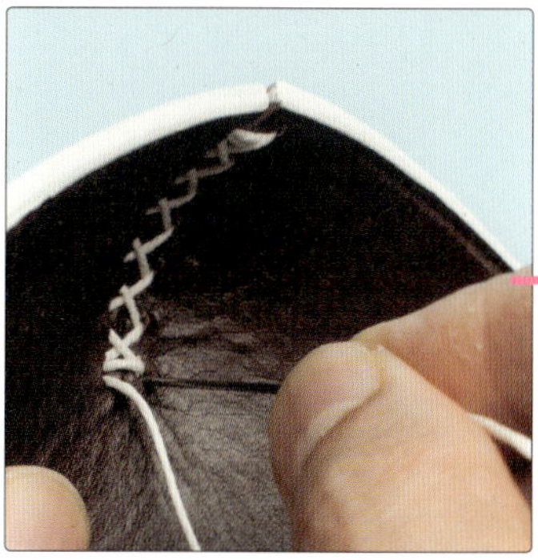

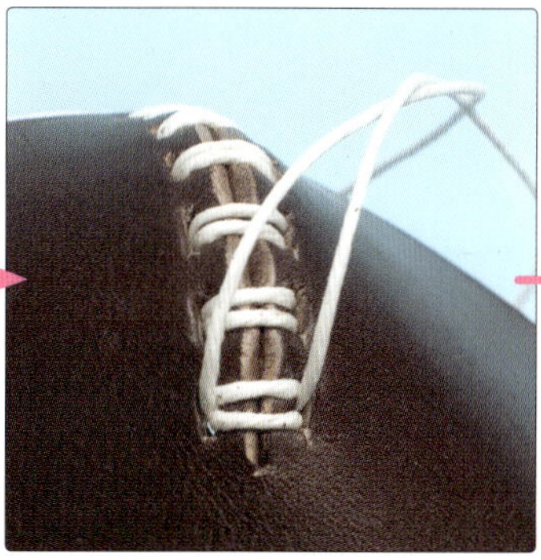

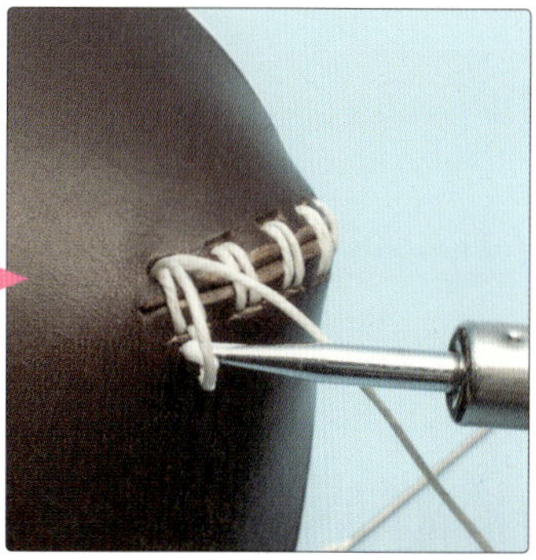

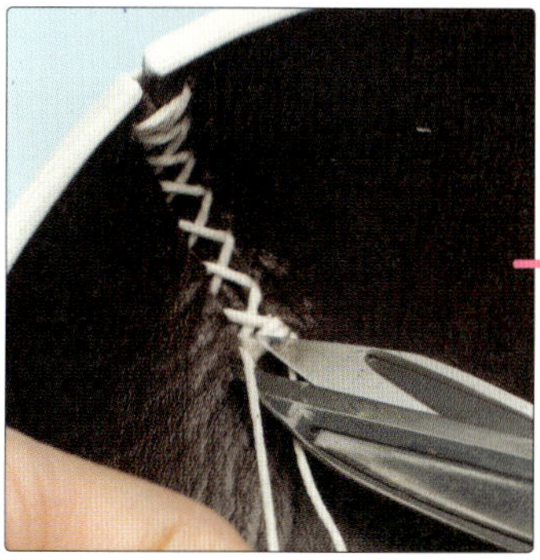

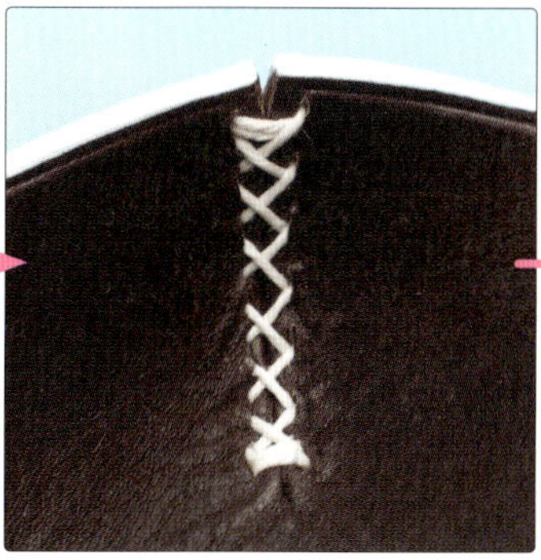

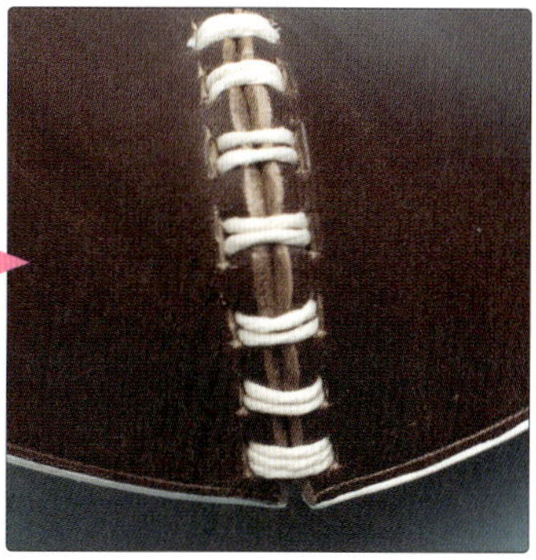

팬트레이 | 171

Hand sewing Leather Craft

러기지택

소중한 가방을 잃어버리지 않도록 도와주는 꼬리표로 이름, 연락처 정보 등을 담아 표시해주는 러기지택. 특히 여행갈 때 러기지택을 달고 가면 쉽게 잃어버리지 않겠죠. 벨트, 펀치 작업과 바느질까지 다양한 작업이 들어가는 제품으로 한층 고급스러운 가죽공예 작업을 하게 됩니다. 깔끔한 마무리 작업은 가죽 제품의 신뢰를 줍니다.

POINT 버클 부착, 재단면으로 돌리는 바느질, 가죽 스트랩 재단

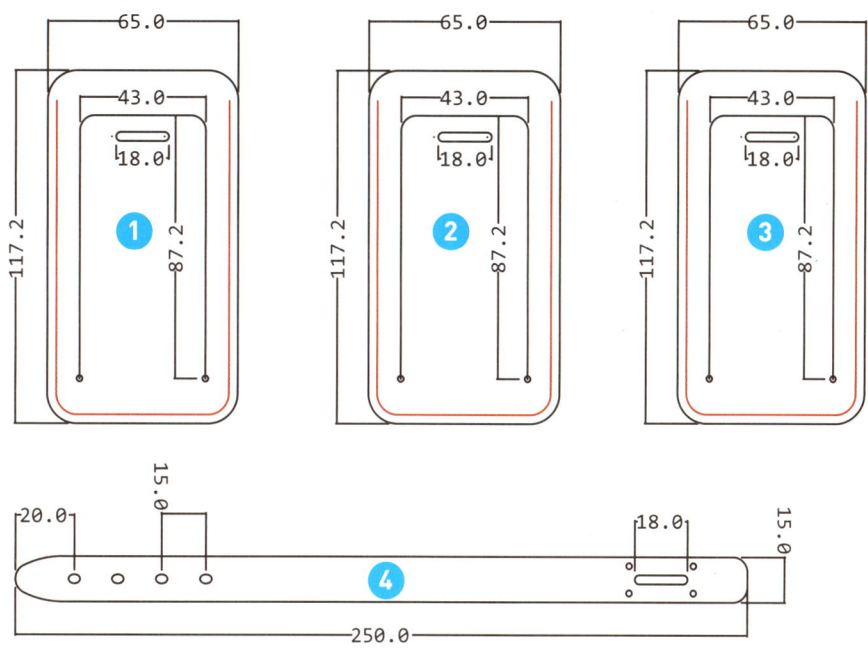

CHECK

단위: mm

공구

라운드 송곳 / 펜 / 토코놀 / 유리판 / 펀치 3호 / 엔티 커터 / 엔티드렛서 / 엣지베베러

슬리커 / 롤러 / 사이비놀 / 버클용 펀치(15mm, 18mm) / 벨트핀용 펀치 소 / 다이아몬드 치즐(4mm) / 2mm 양면테이프 / 크리저

바늘, 실 / 바느질용 왁스 / 스트랩 커터

재료

가죽두께 1mm, 1.5mm, 2mm, 버클

1 도안을 옮기고, 재단합니다. ❶의 구멍 뚫을 위치는 라운드 송곳으로 은펜 재단선을 표시합니다.

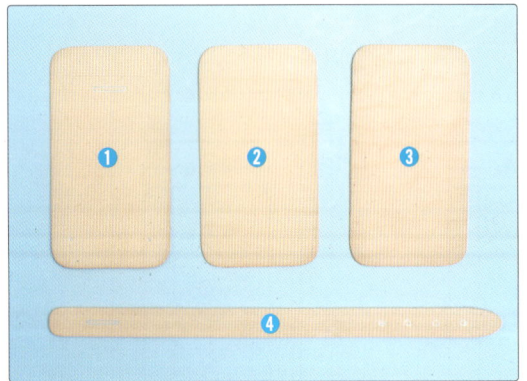 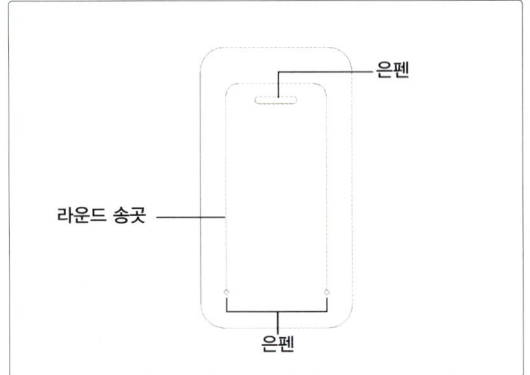

2 ❶과 ❹의 상면을 토코놀을 발라 유리판으로 문질러 마감합니다.

3 은펜으로 표시된 구멍을 펀치 3호로 뚫어주고 안쪽선을 재단합니다(라운드는 엔티 커터로 재단합니다).

  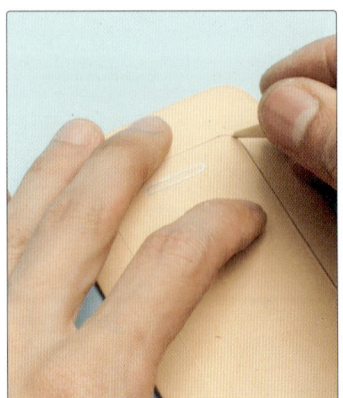

4 엔티드렛서로 재단 부분을 다듬어 주고 엣지베베러로 모서리를 깎은 후, 토코놀을 발라 슬리커로 문질러 마감합니다.

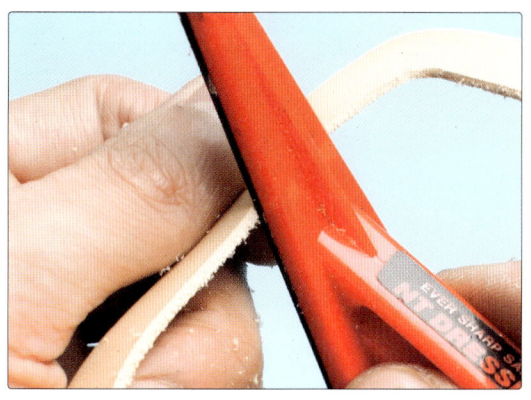
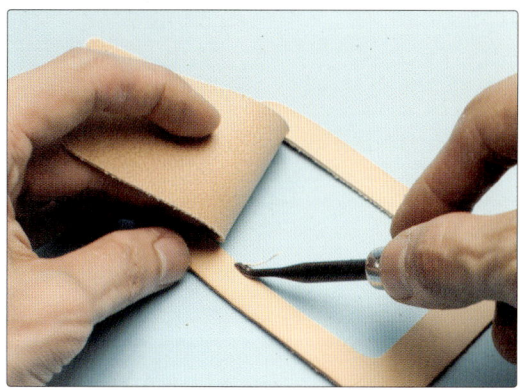

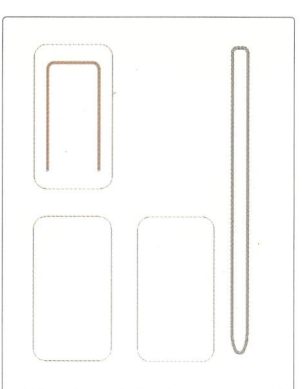

5 ❷와 ❸의 상면의 털을 일으키고, 사이비놀을 발라 롤러로 압착하여 접착합니다.

6 ❹번의 표시된 부분을 버클용 펀치 18mm로 구멍을 뚫어줍니다.

7 ❹의 표시된 부분을 벨트용 펀치로 뚫어줍니다.

8 다이아몬드 치즐로 바느질 구멍을 뚫어줍니다.

9 마감할 부분과 접착면을 표시하기 위해 양면테이프로 임시 고정해주고(ㄷ자 모양으로), 오차가 있으면 재단해줍니다.

10 크리저 혹은 디바이더로 바느질 선을 그어줍니다.

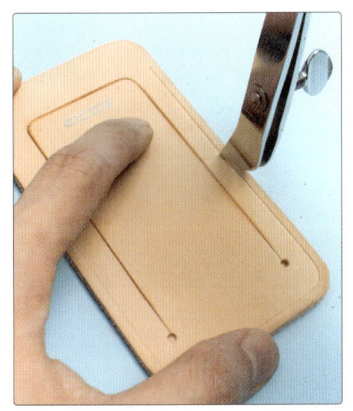
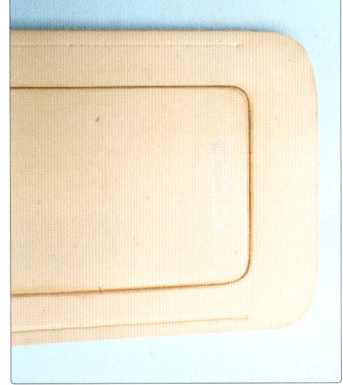

11 다이아몬드 치즐로 바느질 구멍을 뚫어줍니다.

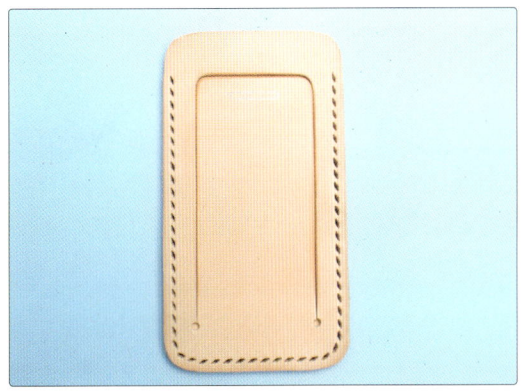

12 스트랩이 통과되는 부분을 18mm 버클용 펀치로 뚫어줍니다.

13 임시로 붙여놓은 양면테이프를 제거합니다.

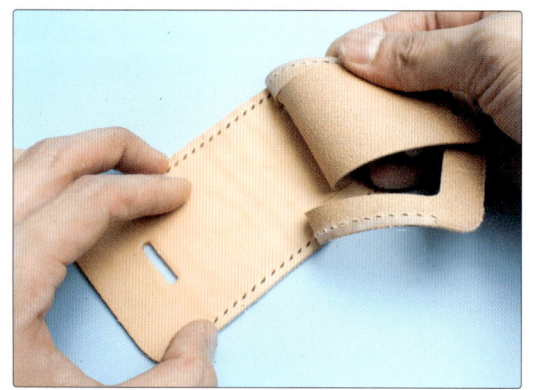
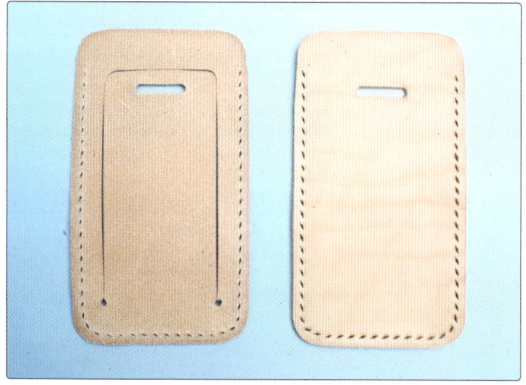

14 바느질 구멍 바깥 부분은 접착이 들어가므로 털을 일으켜줍니다(❷과 ❸이 접착된 부분은 은면이므로 가죽칼로 은면을 긁어냅니다).

15 바느질 구멍이 없는 위쪽 부분은 토코놀을 발라 슬리커로 문질러 마감해줍니다.

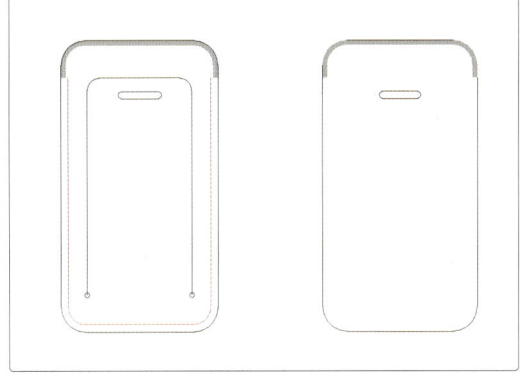

16 사이비놀을 바른 후 롤러로 압착해줍니다.

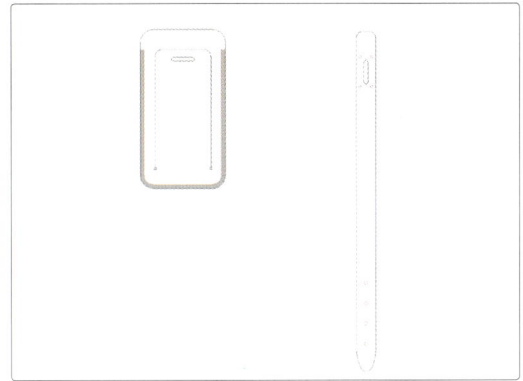

17 오차를 가죽칼 엔티드렛서로 다듬고 엣지베베러로 깎은 후 토코놀을 발라 슬리커로 문질러줍니다.

18 바느질해줍니다.

입구가 개폐되는 부분은 힘을 많이 받으므로 바깥쪽으로 실을 돌려 바느질하게 되면 힘을 버티면서 포인트도 될 수 있습니다.

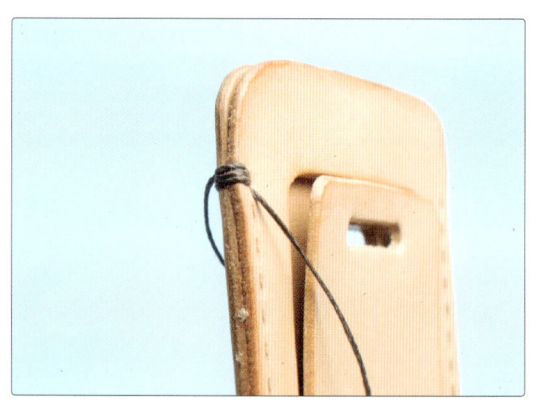

19 버클을 부착하고 고정하기 위해 바느질해줍니다(바늘은 한 개만 사용하고 재단면 쪽으로 5~6회 돌려줍니다. 마지막에 들어갈 때 사이비놀을 발라 고정시켜줍니다).

 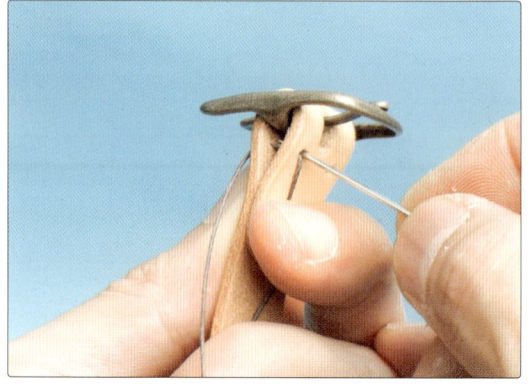

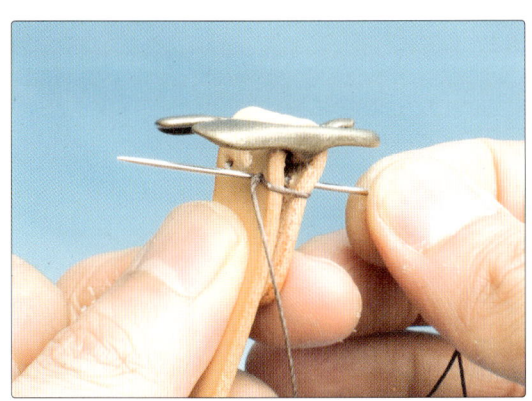
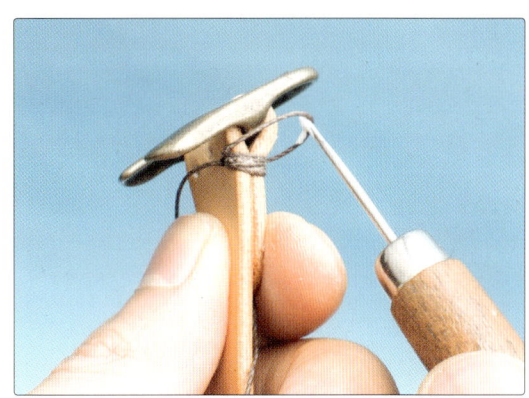

러기지택 | 181

Hand sewing Leather Craft

지퍼동전지갑

가죽으로 만든 동전지갑은 실생활에서 유용하게 쓰입니다. 자동차나 가방 안에 담아 가지고 다니기에도 편리한 지퍼가 달린 동전지갑. 지퍼를 달 때 바느질에 유의하면서 만드는 것이 동전지갑의 포인트입니다. 부모님 선물용으로도 나쁘지 않겠네요.

지퍼 부착, 재단면을 살린 입체 바느질, 가죽 경사 피할, 원 재단

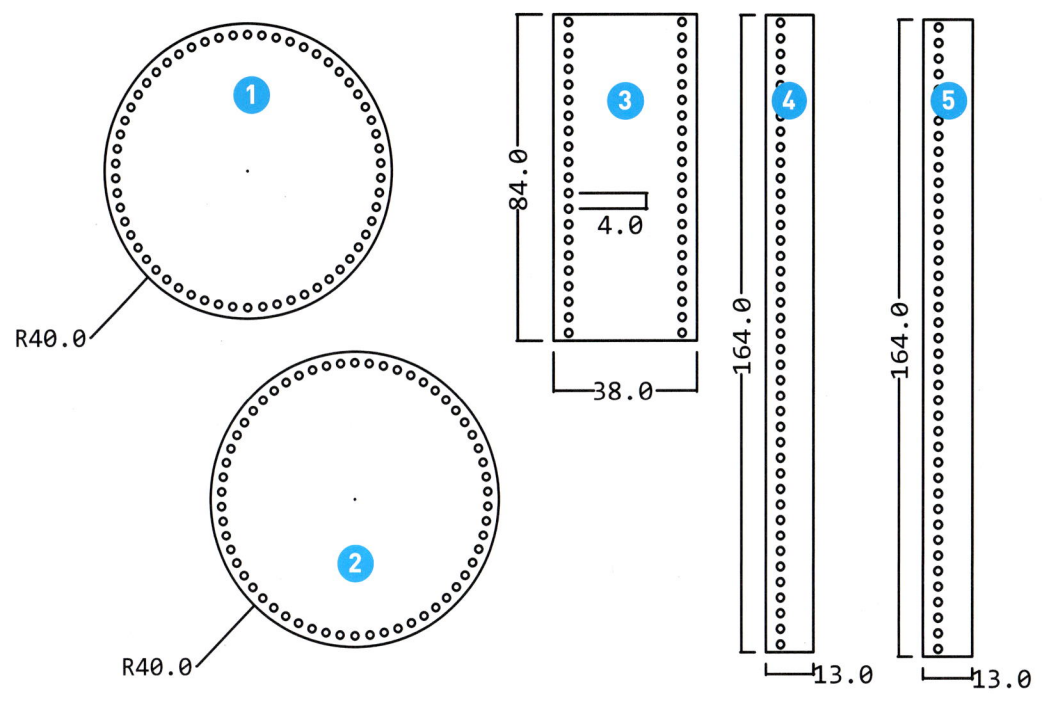

단위: mm

CHECK

공구

라운드 송곳 | 가죽칼 | 유리판 | 토코놀 | 다이아몬드 치즐(5mm) | 크리저 | 디바이더 | 3mm 양면테이프
바늘, 실 | 바느질용 왁스 | 슬리커 | 고무판 | 망치

재료
가죽두께 2mm, 15cm 지퍼 3호

1 도안을 옮기고, 재단해줍니다(도안을 옮길 시에 바느질 구멍을 라운드 송곳으로 표시해줍니다).

2 상면에 토코놀을 발라 유리판으로 문질러 마감해줍니다.

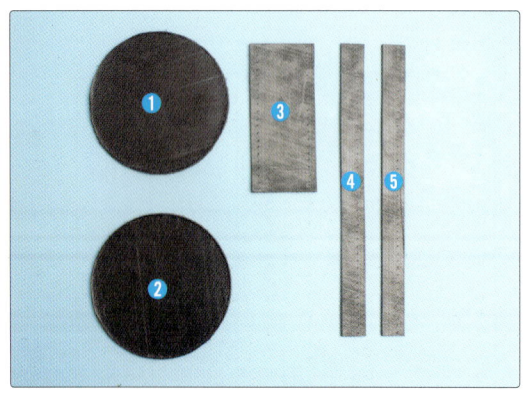

3 표시된 구멍을 따라 바느질 구멍을 뚫어줍니다.

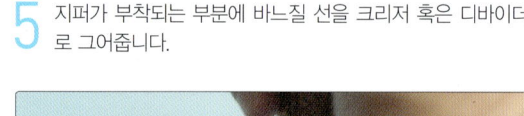

4 재단면을 엔티드렛서로 다듬고 엣지베베러로 모서리를 깎은 후, 토코놀을 발라 슬리커로 문질러서 마감합니다.

5 지퍼가 부착되는 부분에 바느질 선을 크리저 혹은 디바이더로 그어줍니다.

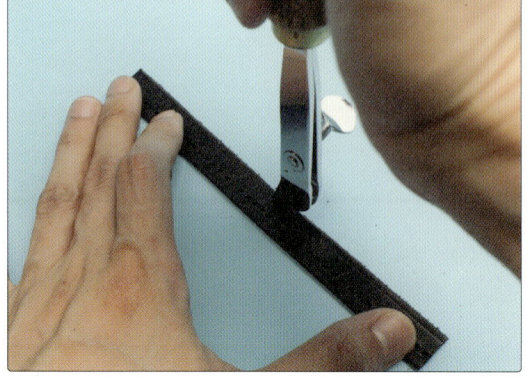

6 피할 부분을 디바이더로 표시 후 경사 피할해줍니다.

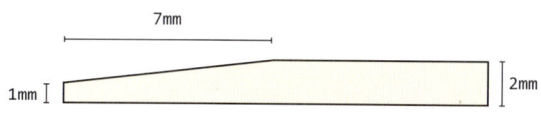

7 지퍼의 양 끝에 양면테이프를 부착합니다.

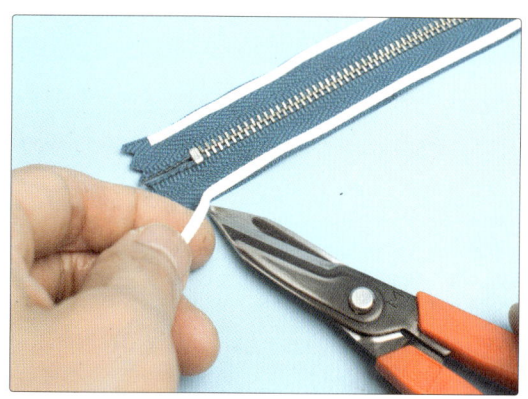

8 양면테이프를 이용하여 임시로 고정시킵니다(하드보드지를 이용해 지퍼 간격을 균일하게 붙이면 좋습니다)..

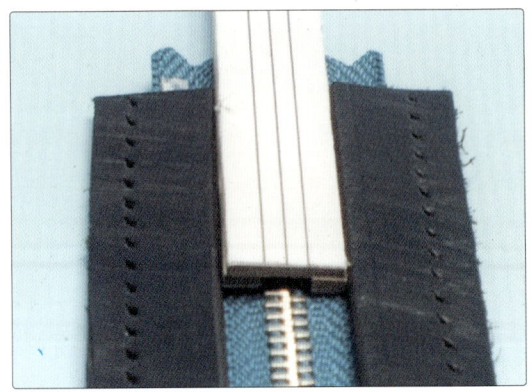

9 바느질 구멍을 뚫어준 후, 바느질을 합니다.

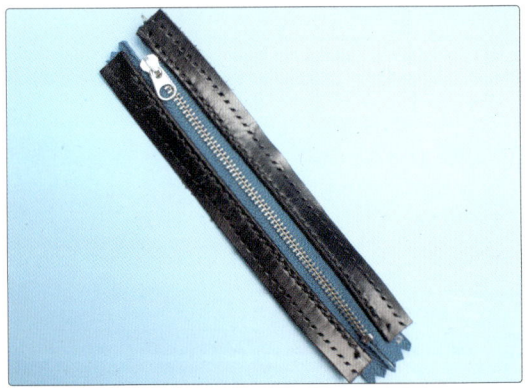

10 연결되는 파트도 바느질합니다. 지퍼 부착 시 ❺와 ❹를 바느질합니다.

11 윗면을 바느질 합니다. ❸, ❹, ❺와 ❶을 바느질해줍니다.

12 아랫면을 바느질합니다. ❷도 같이 바느질해줍니다(지퍼를 열고 바느질을 해야 합니다).

Hand sewing Leather Craft

펜케이스

끈으로 살짝 묶어 더욱 돋보이는 펜케이스. 공부하는 수험생, 필기를 자주하는 직장인들에게 선물해주면 좋아하지 않을까요? 다양한 펜을 보관할 수 있게 해주는 케이스로 만들기가 조금 어렵지만 천천히 만들어 보세요.

POINT 간단한 가죽 성형, 다이아몬드 송곳을 이용한 바느질 구멍 뚫기, 경사 피할

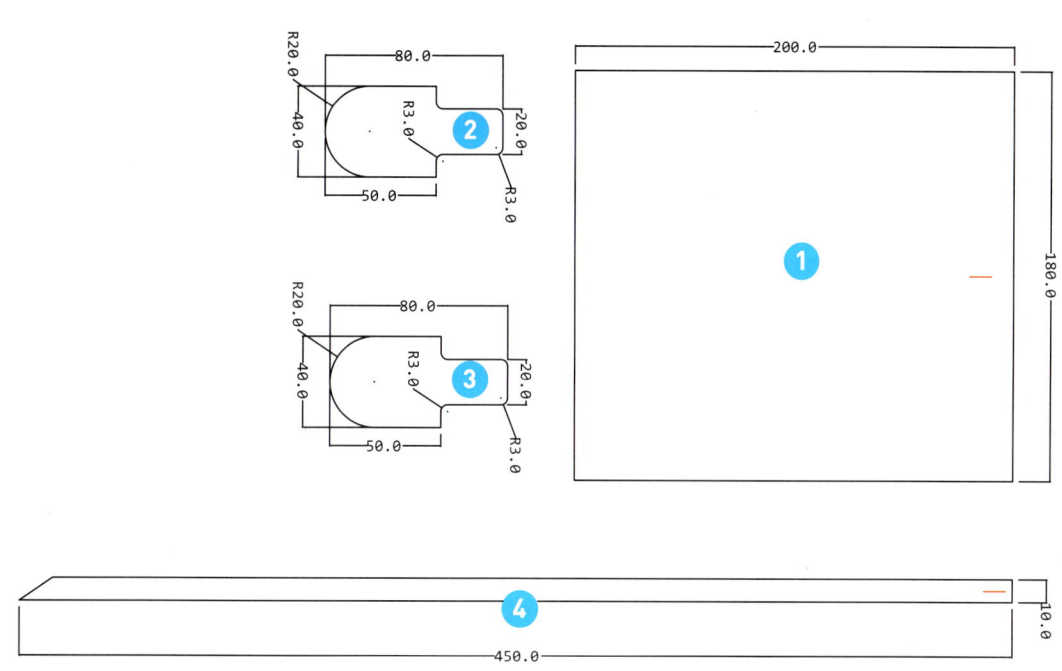

단위: mm

 CHECK

공구

라운드 송곳 | 가죽칼 | 엔티 커터 | 유리판 | 토코놀 | 폴더 | 크리저 | 디바이더

고무판 | 엔티드렛서 | 엣지베베러 | 접착식 펜치 | 슈퍼크래프트 본드 | 다이아몬드 송곳 | 바늘, 실 | 바느질용 왁스

다이아몬드 치즐(5mm)

재료
가죽두께 2mm

펜케이스 | 189

1 도안을 옮기고, 재단을 합니다.

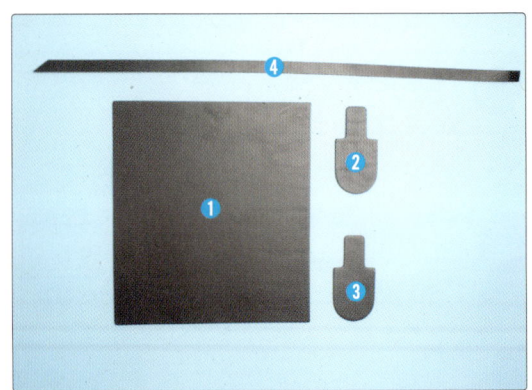

2 상면을 토코놀을 발라 유리판으로 문질러 마감합니다.

3 접착 후, 마감할 수 없는 부분의 재단면을 먼저 마감합니다.

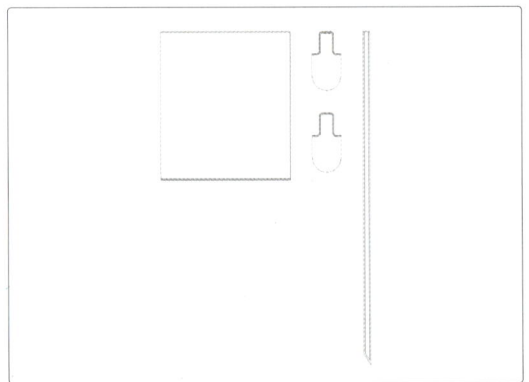

4 ❷와 ❸에 스티칭 그루버 혹은 크리저로 바느질 선을 4mm 간격으로 그어줍니다(진하게 그어주면 나중에 가죽의 형태를 잡기가 편합니다).

펜케이스 가죽피할

5 피할 부분을 디바이더로 표시해줍니다(❷, ❸은 8mm 간격, ❹는 15mm).

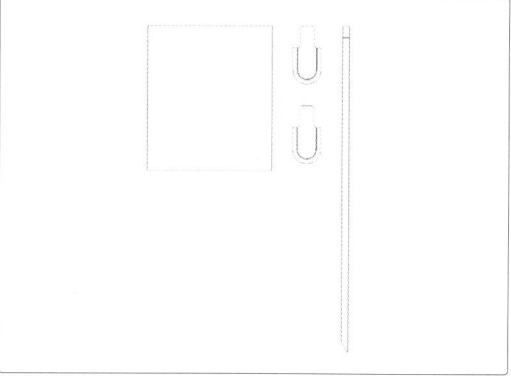

6 유리판을 밑에 받치고, 표시된 부분을 경사피할해줍니다(❷, ❸은 끝이 1mm 정도, ❹는 끝이 0.5mm 정도).

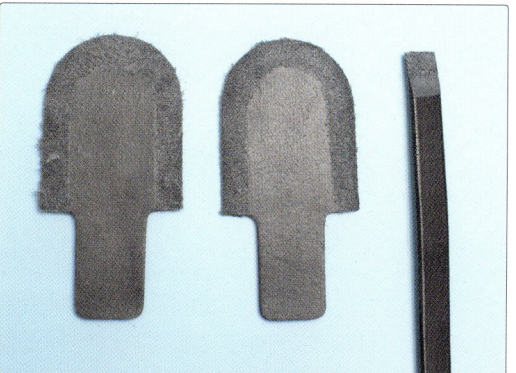

7 물을 흡수시켜서 바느질 선을 따라 접어줍니다. 처음에는 손으로 선에 맞게 접어주고, 그 다음에 본 폴더를 사용하여 직각에 가깝도록 접어줍니다.

8 건조 후에 ❶면에 접착할 부분에 맞춰보고 접착되는 부분을 은펜으로 표시해줍니다.

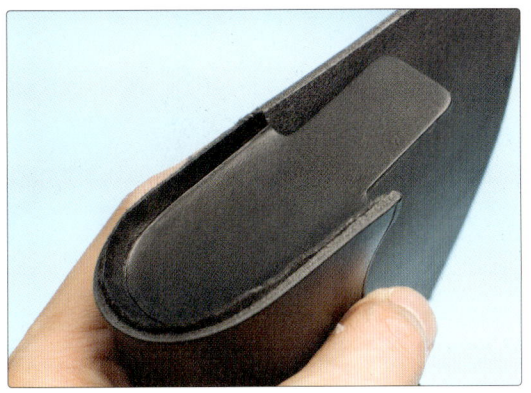 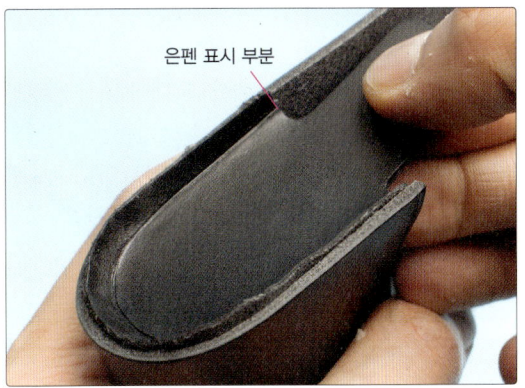

9 ❶의 바느질 선을 크리저로 긋고 다이아몬드 치즐로 바느질 구멍을 뚫어줍니다.

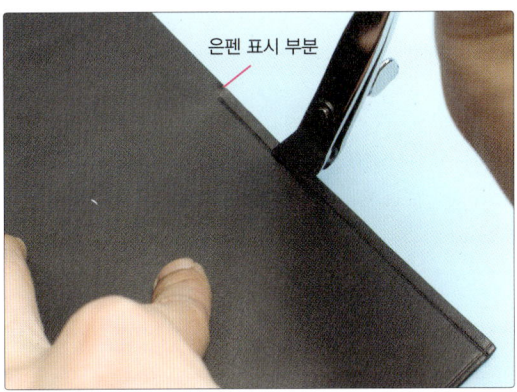

10 접착할 부분 상면 털을 엔티드렛서로 일으켜줍니다(❶의 바느질 구멍 뚫은 바깥 부분).

11 슈퍼크래프트 본드를 발라 완전히 건조 후, 접착하고 접착식 펜치로 눌러줍니다.

12 미리 뚫어 놓은 바느질 구멍을 따라 다이아몬드 송곳으로 구멍을 뚫어줍니다(❷, ❸에 그어놓은 선을 따라 뚫어줍니다).

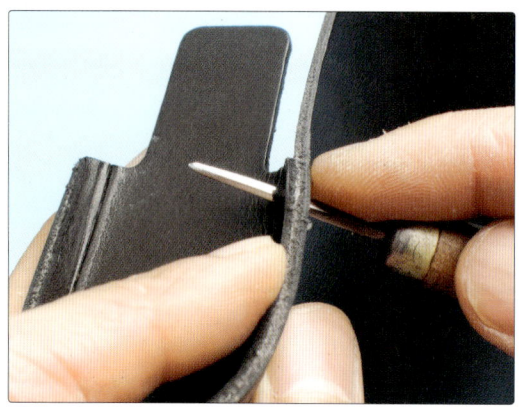
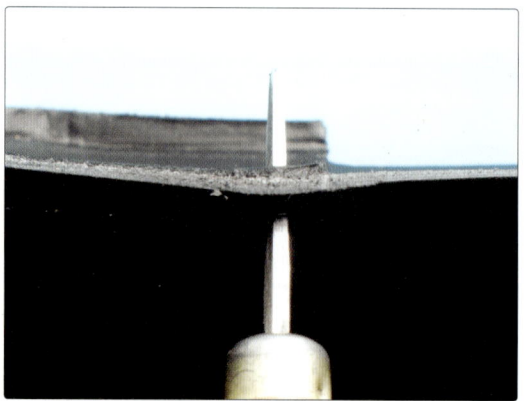

펜케이스바느질구멍뚫기

13 바느질을 합니다(시작 부분과 끝 부분은 이중으로 바느질합니다).

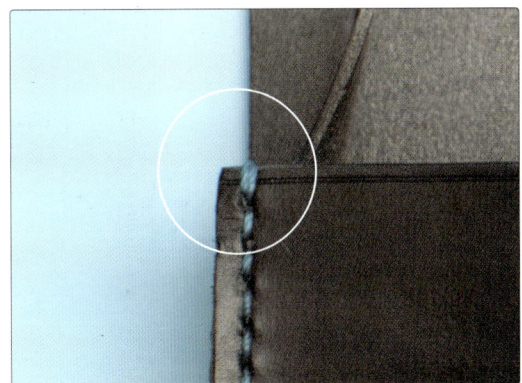
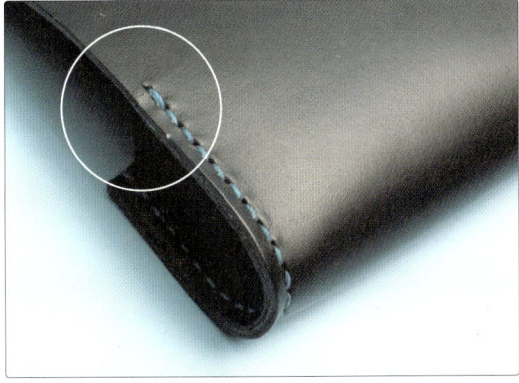

14 오차가 있는 부분을 가죽칼로 깎고 엔티드렛서로 다듬은 후, 엣지베베러로 모서리를 깎고 토코놀을 발라 슬리커로 문질러서 마감합니다.

15 바느질 구멍 뚫을 부분을 라운드 송곳으로 가죽에 표시하고, 다이아몬드 치즐로 구멍을 뚫어줍니다.

16 다이아 본드를 양면에 바르고 바느질 구멍을 맞춰서 접착 후, 바느질을 합니다. 바느질은 바늘 하나로 합니다.

바늘로 구멍을 잘 맞춰서 접착

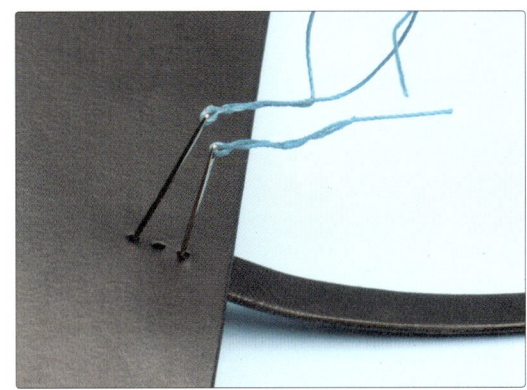

완성된 펜케이스입니다.

Hand sewing Leather Craft

반지갑1

실용성 있는 남자 반지갑. 카드와 지폐를 적당히 담을 수 있고, 부피가 크지 않아 가볍게 넣고 다닐 수 있습니다. 스티치가 명품인 반지갑을 만들어 보세요.

POINT 지갑 카드 수납부 구조, 반지갑 구조

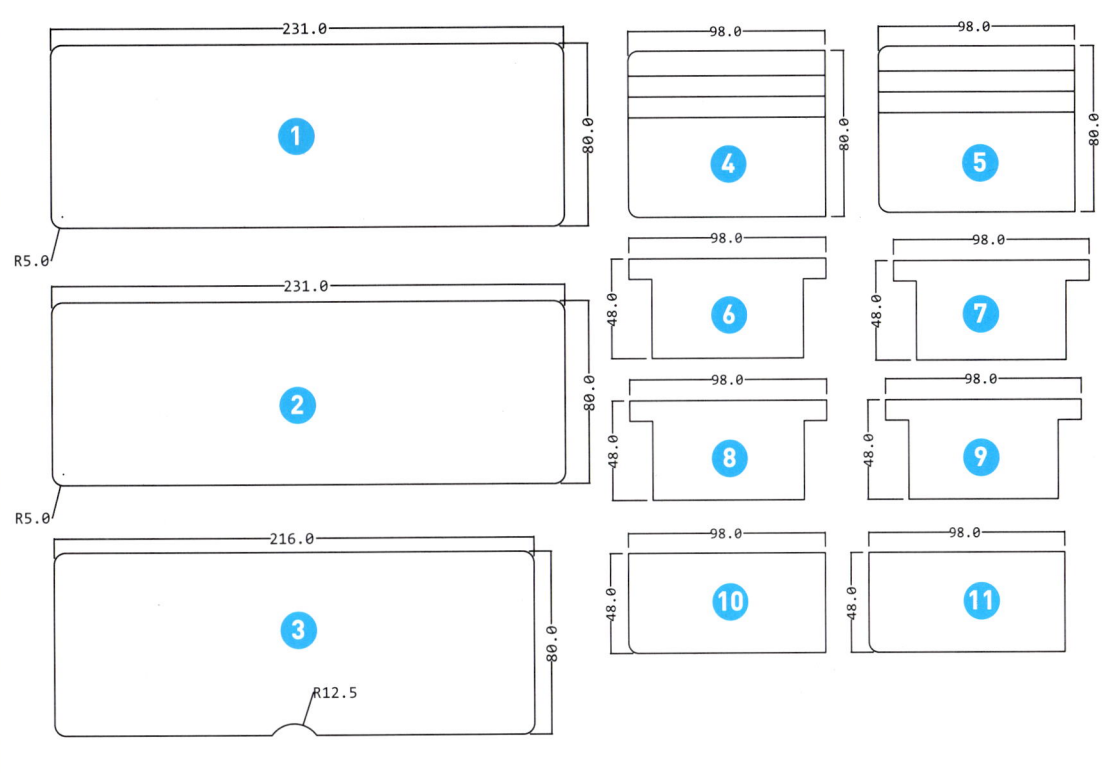

단위: mm

CHECK

공구

라운드 송곳 · 가죽칼 · 엔티드렛서 · 슈퍼크래프트 본드 · 본드 스쿱 · 롤러 · 유리판 · 토코놀
크리저 · 엣지베베러 · 슬리커 · 3mm 양면테이프 · 사이비놀 · 바느질용 왁스 · 고무판 · 망치
다이아몬드 치즐(4mm) · 접착식 펜치

재료
가죽두께 0.8mm, 1mm

1 도안을 라운드 송곳으로 가죽에 옮긴 후, 가죽칼로 재단합니다.

2 ❶과 ❷의 상면을 엔티드렛서로 털을 일으킨 후, 슈퍼크래프트 본드를 양면에 바르고 롤러로 압착합니다.

3 ❸~⓫ 상면에 토코놀을 발라 유리판으로 문질러 마감합니다.

4 ❻~⓫의 카드 수납 부분을 엔티드렛서로 다듬은 후 크리저로 장식선을 그어줍니다.

5 ❻~❾의 아래쪽에 바느질 선을 그어줍니다.

6 ❿~⓫ 상면의 접착되는 부분을 엔티드렛서로 털을 일으켜 줍니다.

7 ❻~⓫의 카드 수납되는 윗부분을 엣지베베러로 모서리를 깎고, 토코놀로 마감합니다.

8 ❹와 ❺의 카드가 수납되는 부분을 도안을 대고 라운드 송곳으로 표시합니다.

9 수납되는 부분의 바느질 선 밑 부분의 상면 부분에 양면테이프(2mm)를 ❻~❾까지 붙여줍니다.

10 ❹와 ❺에 미리 라운드 송곳으로 표시해놓은 점에 맞춰 ❻과 ❼을 양면테이프를 벗겨 붙여줍니다(표시된 점과 평행이 맞는지를 확인하며 부착합니다).

11 바느질 구멍을 뚫고, 바느질을 해줍니다.

 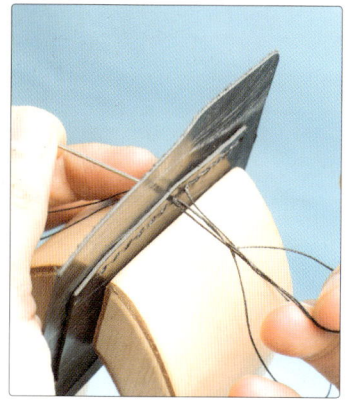 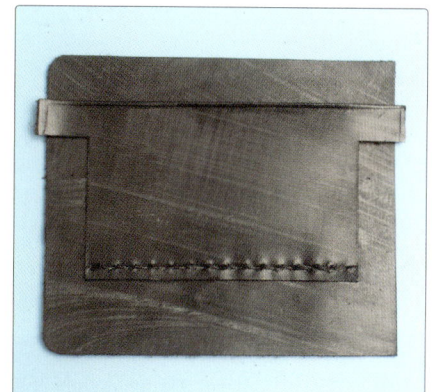

12 ❽과 ❾를 동일한 요령으로 부착 후, 바느질합니다(부착 시 사진과 같이 약간 겹쳐지도록 부착해줍니다).

13 바느질된 ❻과 ❼의 윗부분의 접착되는 부분을 라운드 송곳으로 표시한 후, 크리저 혹은 디바이더로 표시하고, 가죽칼로 은면을 긁어내어줍니다.

14 ❻~❾의 양 끝과 ❿, ⓫을 ❹, ❺에 사이비놀을 발라 압착해줍니다.

15 이미지에 표시된 부분을 바느질 선을 긋고 마감 후, 바느질합니다.

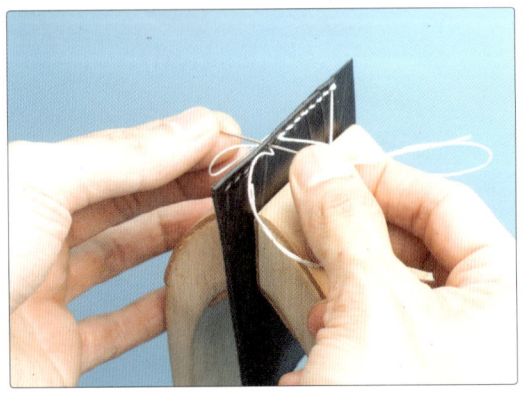
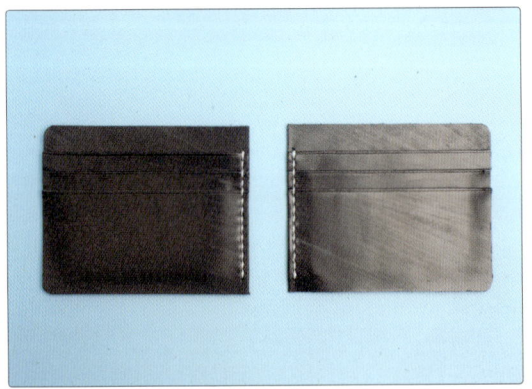

16 이미지에 ❸과의 접착 부분을 라운드 송곳으로 표시한 후 크리저 혹은 디바이더로 표시하고 가죽칼로 은면을 일으켜 준 후, 사이비놀을 발라 롤러로 압착해줍니다.

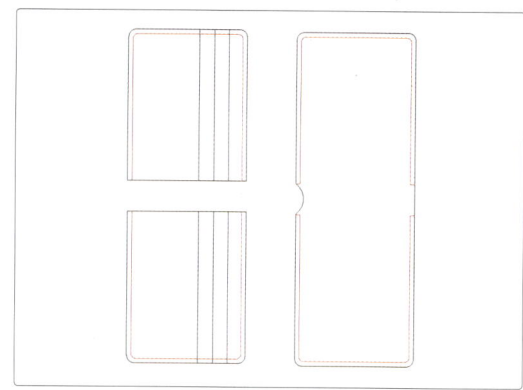

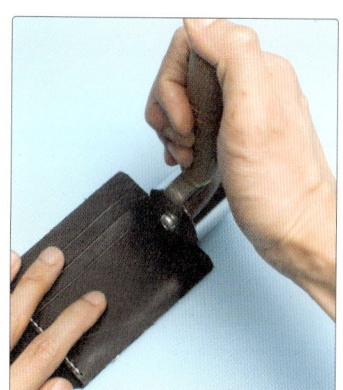

17 표시 부분의 재단면을 엣지베베러로 모서리를 깎고 토코놀로 마감합니다.

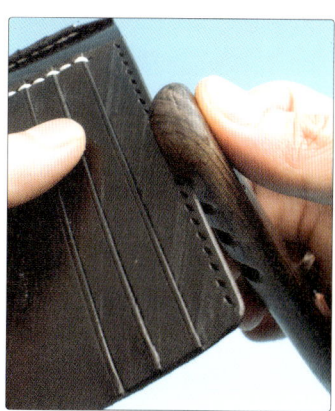

18 다이아몬드 치즐로 바느질 선을 뚫은 후 바느질합니다.

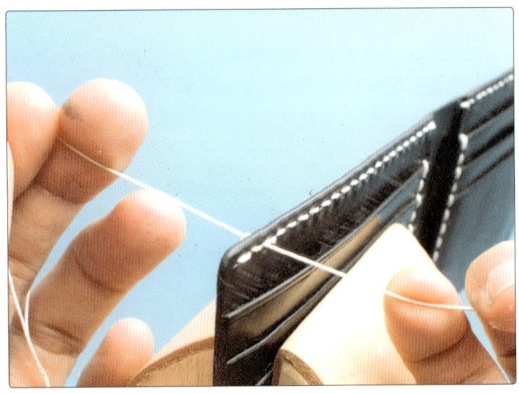
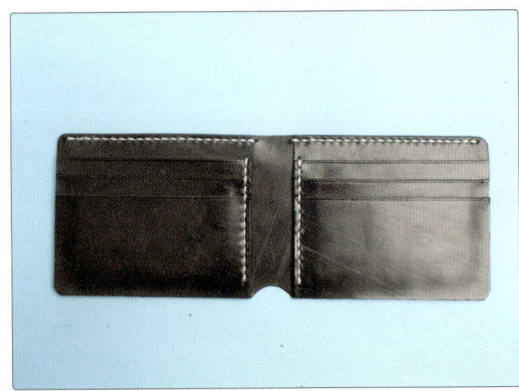

19 임시로 고정할 부분에 양면테이프를 양쪽(ㄴ, ㄱ)으로 부착해줍니다.

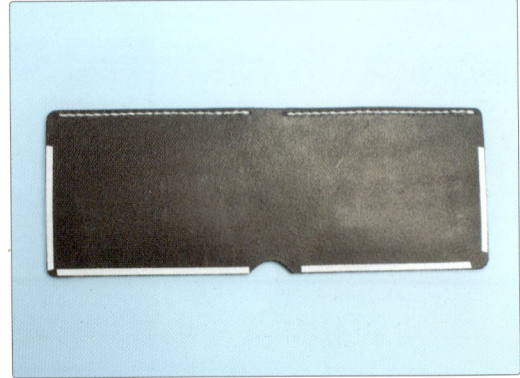

20 왼쪽(ㄴ)부터 양면테이프로 고정시킨 후, 바느질 구멍을 뚫어줍니다.

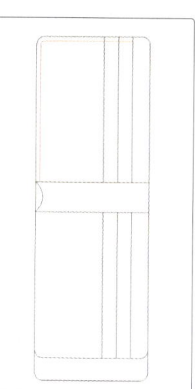

21 양면테이프를 제거하고 오른쪽(ㄴ)을 ❷에 고정시킨 후, 바느질 구멍을 뚫어줍니다.

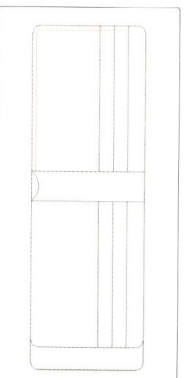

22 바느질 구멍이 뚫린 바깥쪽 부분은 접착이 들어가는 부분이므로 털을 일으켜줍니다.

23 바느질 구멍이 뚫리지 않은 부분은 재단면을 마감합니다.

24 바느질 구멍을 마저 뚫어줍니다.

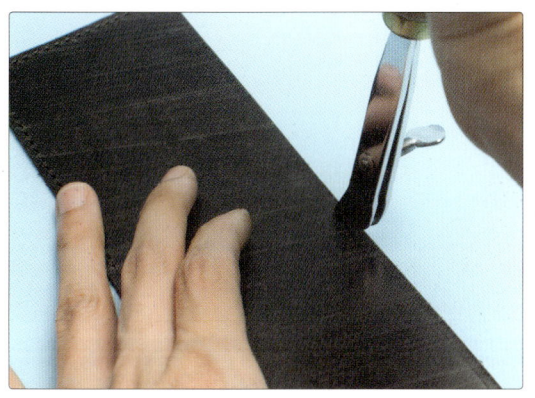

25 바느질을 시작합니다.

바느질 시작위치

26 접착이 시작되는 부분까지 바느질한 후, 사이비놀로 접착합니다.

27 접착을 한 후 다음 접착 위치까지 바느질을 이어서 합니다.

28 사이비놀을 발라 접착해줍니다.

29 접착이 되면 바느질을 마저 합니다.

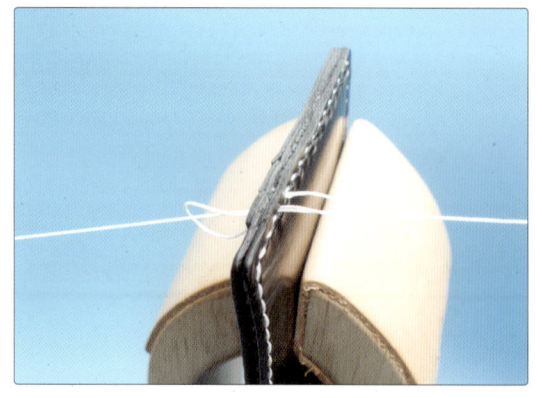

30 오차 및 본드층은 가죽칼로 제거 후, 엔티드렛서로 접착면을 고르게 하고 엣지베베러로 모서리를 깎은 후, 토코놀을 발라 슬리커로 문질러 마감합니다.

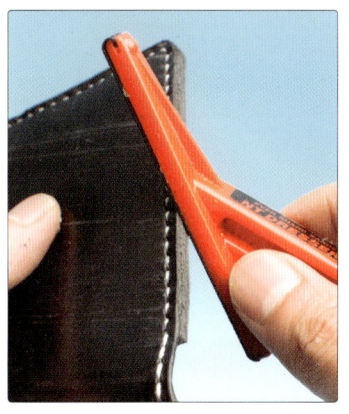  

31 완성된 지갑에 잘못된 부분이나 바느질 부분을 꼼꼼히 확인하세요.

Hand sewing Leather Craft

반지갑2

앞서 만든 반지갑은 가죽을 덧대어 만든 지갑인데요. 이번 지갑은 가죽에 산퉁을 붙여 만드는 지갑입니다. 산퉁이라는 천을 덧대는 지갑이라 생소할지 모르나 카드 수납 시 부드러운 느낌을 줍니다.

산통을 이용한 카드 수납부

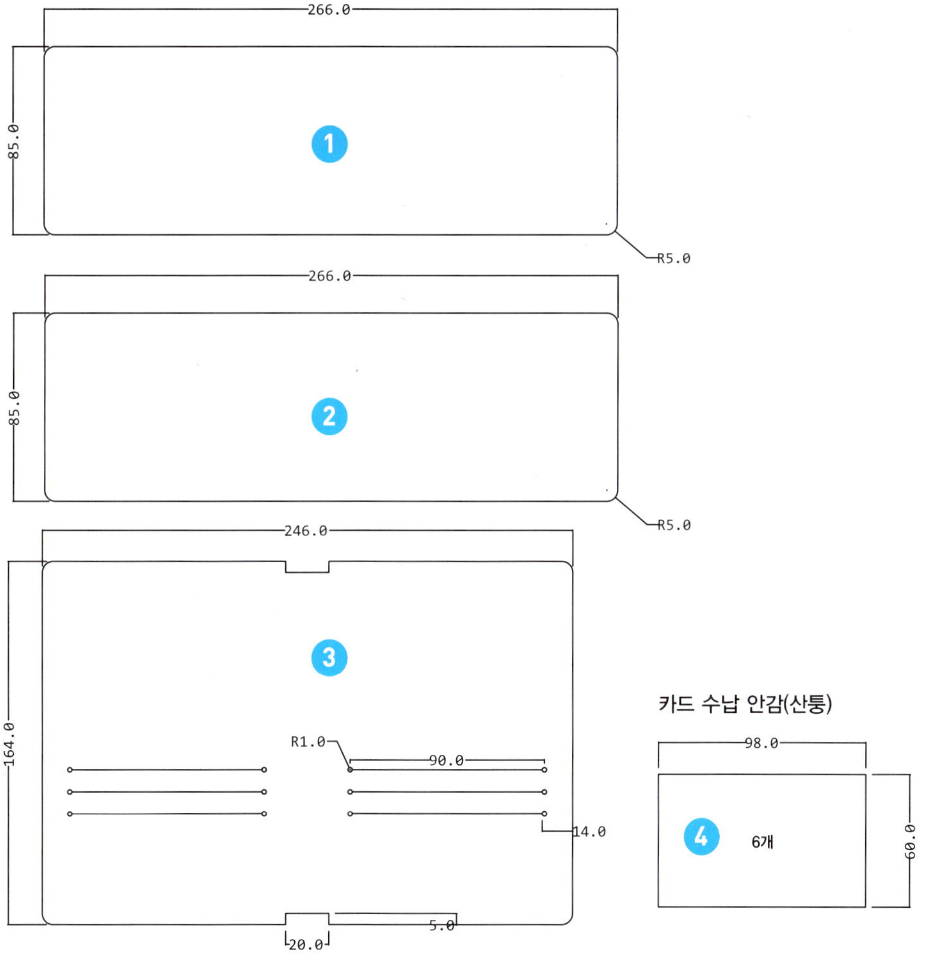

CHECK

공구
라운드 송곳  · 은펜  · 엔티드렛서  · 슈퍼크래프트 본드  · 본드 스쿱  · 롤러  · 펀치 3호  · 가죽칼 
크리저  · 양면테이프  · 클리어 본드  · 엣지베베러  · 망치  · 고무판  · 다이아몬드 치즐  · 디바이더 
접착식 펜치  · 사이비놀  · 바늘, 실  · 바느질용 왁스  · 토코놀 

재료
가죽두께 0.8mm 1mm, 산통

반지갑2 | 213

1 도안을 가죽에 옮기고 재단합니다. 산퉁은 자를 대고 로터리 커터로 재단합니다.

| TIP |

산퉁은 두께가 있는 천이지만 고급스러운 느낌을 줍니다.

2 ❶과 ❷의 상면을 엔티드렛서로 털을 일으키고, 슈퍼크래프트 본드를 발라 롤러로 압착합니다.

3 ❸의 표시된 위치를 펀치 3호로 구멍을 뚫어줍니다.

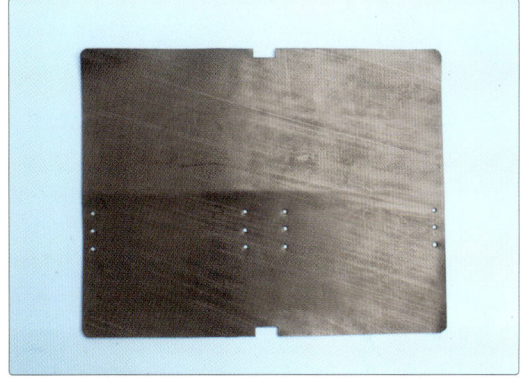

4 카드 수납 부분을 가죽칼로 재단하고, 카드 수납 부분에 크리저로 장식선을 그어줍니다.

5 ❹산통의 바느질 들어가는 부분 쪽에 양면테이프를 부착합니다.

6 카드 수납 부분과 산통을 클리어 본드를 발라 롤러로 압착해줍니다.

7 맨 밑 칸은 가죽끼리 접착이 들어가게 되므로 약 4mm 정도 가위로 재단해줍니다.

8 맨 윗칸의 양면테이프를 붙여줍니다.

9 바느질 구멍을 뚫어준 후, 바느질합니다.

10 두 번째 칸의 양면테이프를 붙여준 후, 바느질 구멍을 뚫고 바느질합니다.

11 접착이 들어가는 부분을 디바이더로 표시 후, 엔티드렛서로 털을 일으켜줍니다.

12 접히는 부분을 한 번 임시로 접어봅니다.

13 물을 흡수시켜 접은 후, 접착용 펜치를 이용하여 눌러줍니다.

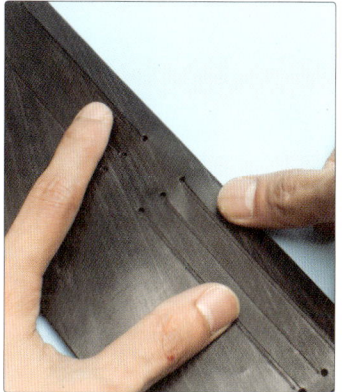

14 사이비놀을 바르고 양면을 롤러와 접착용 펜치로 압착해줍니다.

15 크리저 혹은 디바이더로 바느질 선을 긋고, 바느질 구멍을 뚫어줍니다.

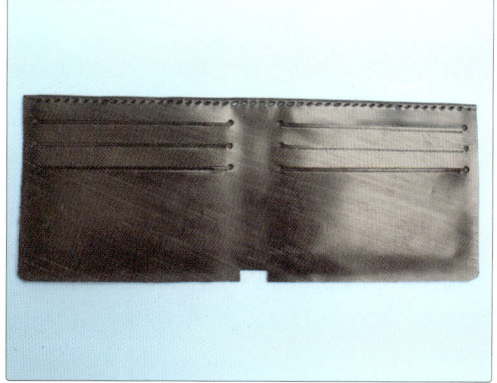

16 바느질을 합니다.

17 크리저 혹은 디바이더로 바느질 선을 그어줍니다.

18 임시로 고정할 부분에 양면테이프를 부착해줍니다.

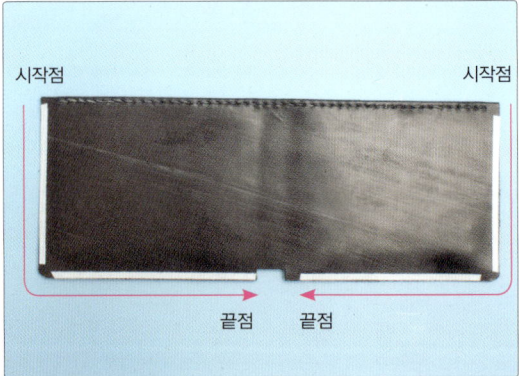

19 양면테이프를 사용하여 임시로 고정해줍니다.

21 양면테이프를 붙인 시작과 끝점에 바느질 구멍을 뚫어줍니다(접착된 끝 부분이 찢어지지 않기 위함).

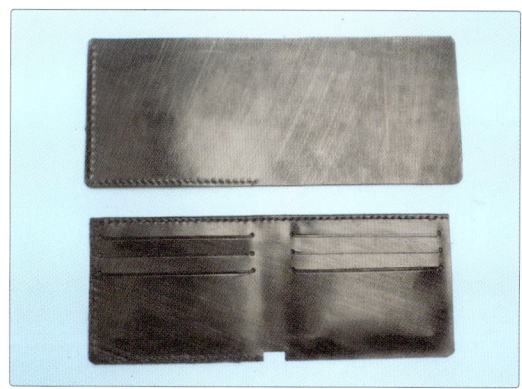

22 앞에서 붙인 양면테이프를 떼고, 반대편을 양면테이프로 임시 고정합니다.

22 바깥쪽에 바느질 구멍을 뚫어줍니다.

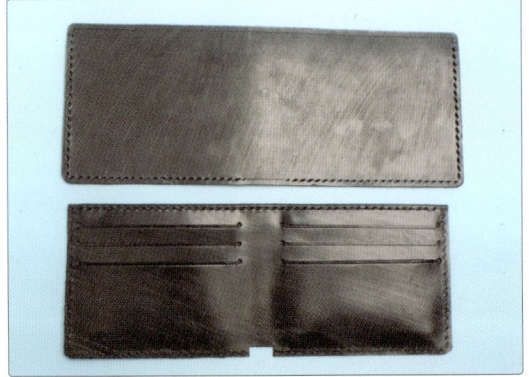

23 바느질 구멍이 뚫린 바깥쪽은 접착이 들어가므로 가죽 칼로 은면을 긁어내어줍니다.

24
바느질 구멍이 뚫리지 않은 부분은 엣지베베러로 모서리를 깎고, 토코놀을 발라 슬리커로 문질러 마감해줍니다.

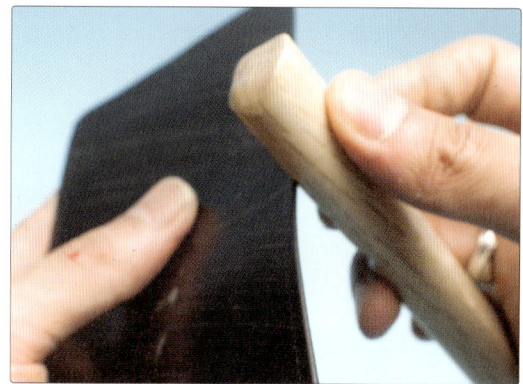

25
마감된 부분의 바느질 구멍을 마저 뚫어줍니다.

26
구멍 뚫은 부분을 바느질합니다.

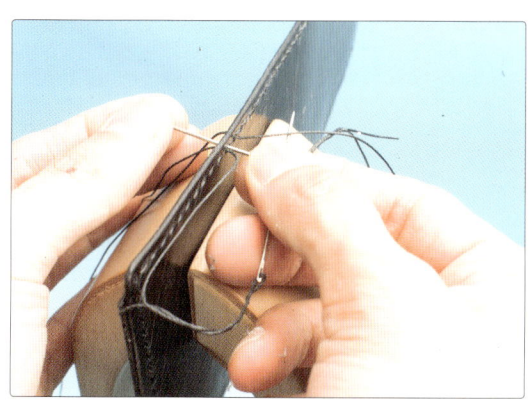

27 사이비놀을 발라 접착식 펜치로 압착해줍니다.

28 중간 부분에 바느질을 합니다.

29 사이비놀을 발라 접착식 펜치로 압착합니다.

30 압착된 곳을 확인 후에 다시 바느질합니다.

31 접착면의 오차는 가죽칼로 재단해주고 엔티드렛서로 면을 다듬어줍니다. 엣지베베러로 모서리를 깎고, 토코놀을 발라 슬리커로 문질러 마감합니다.

32 완성된 지갑입니다.

Hand sewing Leather Craft

장지갑

심플한 장지갑은 정장이나 겨울에 어울리는 아이템입니다. 또한 지폐를 깔끔하게 보관하고 많은 카드를 수납할 수가 있지요. 카드 크기에 잘 맞게 주의하세요.

POINT 장지갑 카드 수납부, 지갑 접히는 부분의 피할 혹은 접착

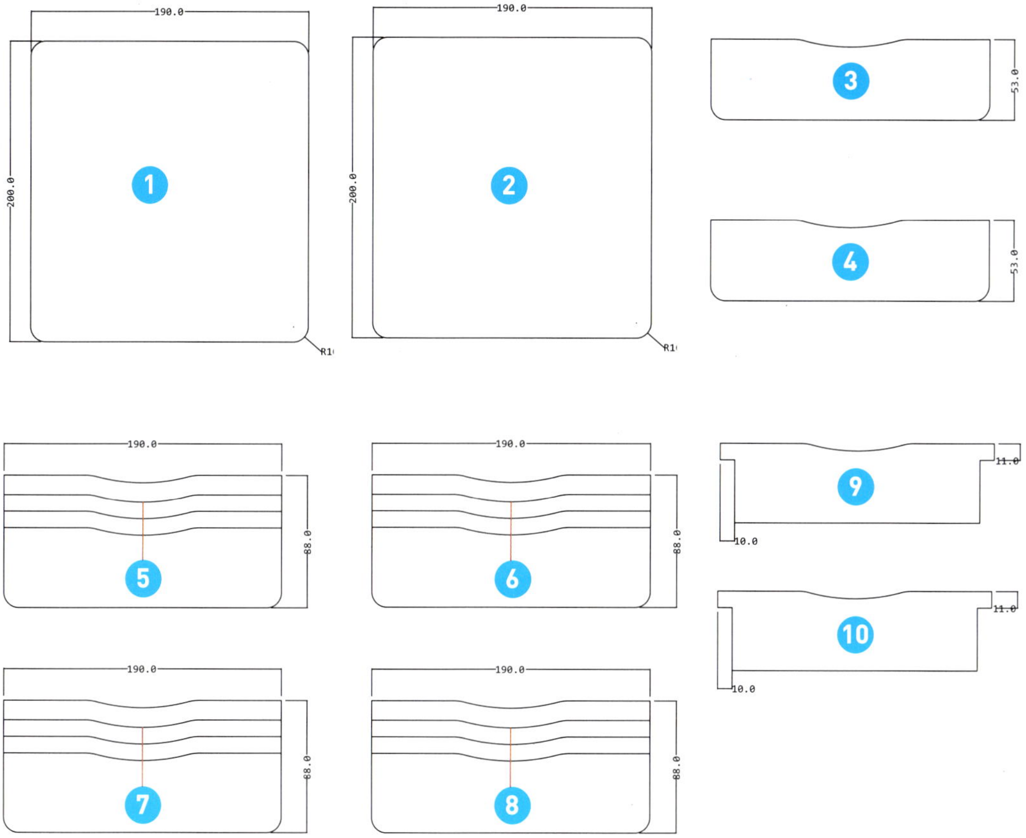

단위: mm

CHECK

공구

재료
가죽두께
0.8mm, 1mm

라운드 송곳  · 은펜  · 중간피할용 대패 · 엣지드렛서  · 슈퍼크래프트 본드  · 롤러  · 유리판

토코놀  · 엣지베베러  · 슬리커  · 디바이더 · 고무판  · 망치  · 다이아몬드 치즐(4mm)

바늘, 실  · 바느질용 왁스  · 사이비놀 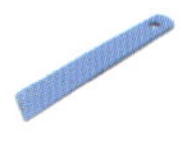 · 본드 스쿱

1 라운드 송곳으로 도안을 옮기고 가죽칼로 재단합니다.

2 피할 부분을 표시해줍니다.

3 가죽 대패를 이용하여 0.5mm 정도가 되도록 중간피할합니다.

4 엔티드렛서를 이용하여 상면의 털을 일으켜줍니다.

5 슈퍼크래프트 본드를 양면에 바르고, 롤러로 압착해줍니다.

 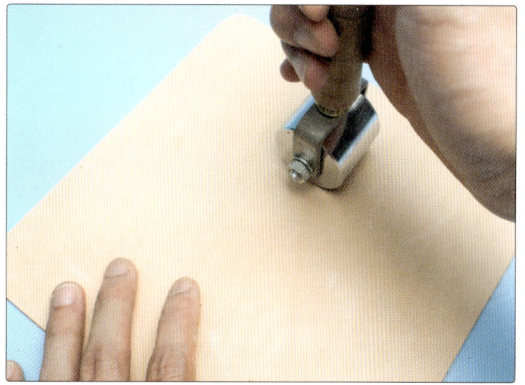

6 토코놀을 상면에 발라 유리판으로 문질러 마감해줍니다.

7 접착할 부분을 디바이더로 표시 후, 엔티드렛서로 털을 일으켜줍니다.

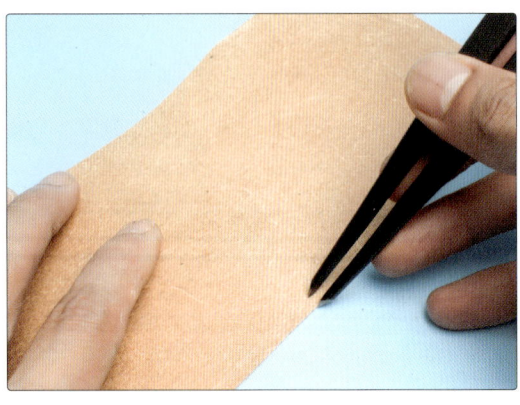

8 카드 수납 부분 등 접착 후 마감이 불가한 곳을 엔티드렛서로 다듬어줍니다. 카드 수납 부분에 크리저로 장식선을 그어줍니다. 엣지베베러로 모서리를 깎아줍니다. 토코놀을 발라 슬리커로 문질러줍니다.

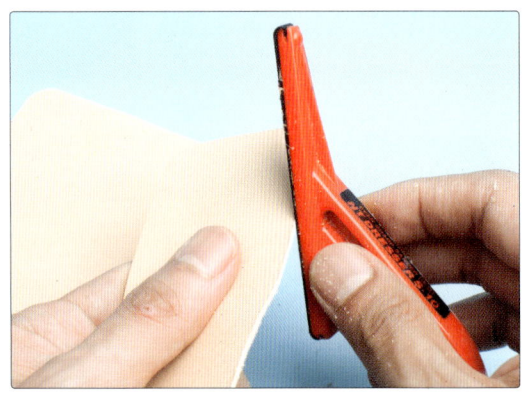
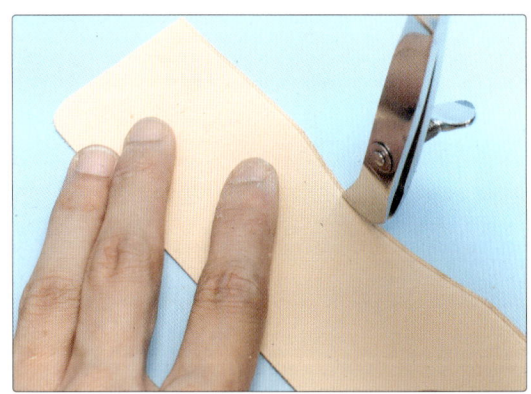
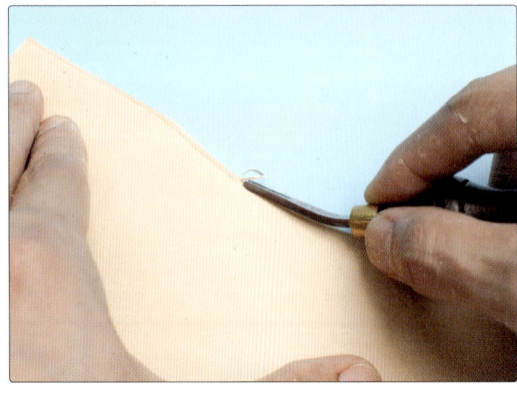

9 카드 고정을 위한 바느질 선을 표시합니다.

10 임시 고정을 위해 양면테이프를 붙여줍니다.

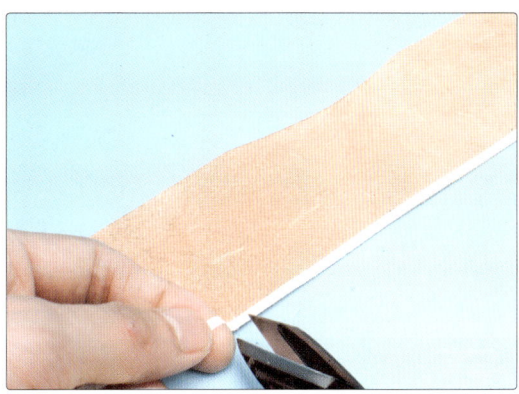

11 카드 수납 부분의 정확한 부착을 위해 도안에서 라운드 송곳으로 표시해줍니다.

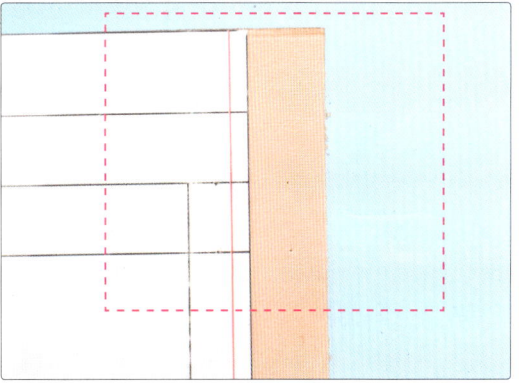

12 표시된 구멍에 맞춰 카드 수납되는 부분을 양면테이프로 고정해줍니다.

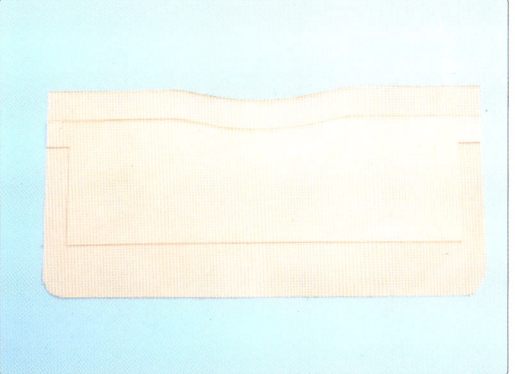

13 바느질 구멍을 뚫어 주고, 바느질해줍니다.

14 한 칸 더 양면테이프로 부착합니다. 수납되는 부분이 약간 겹쳐지도록 부착해줍니다.

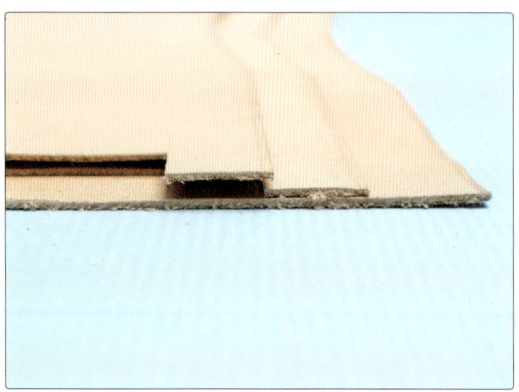

15 바느질 구멍을 뚫고, 바느질해줍니다.

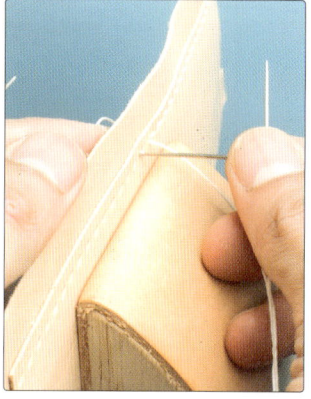
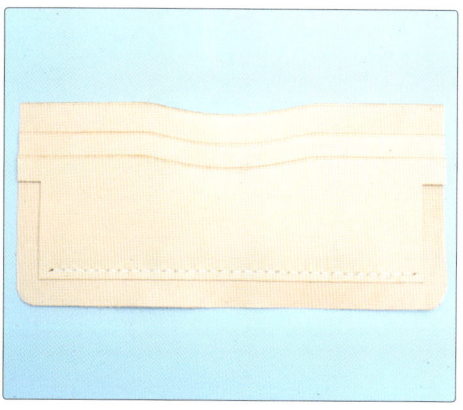

16 라운드 송곳으로 접착될 부분을 표시하고 디바이더로 표시해준 후, 가죽칼로 은면을 긁어냅니다.

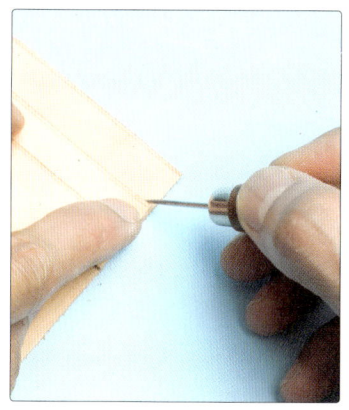

17 사이비놀을 발라 롤러로 압착해줍니다.

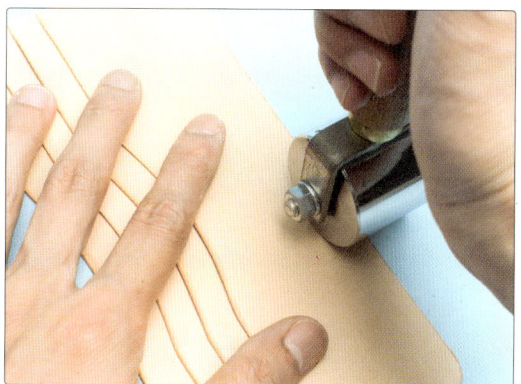

18 카드 수납 중간을 나누는 부분을 라운드 송곳으로 도안에서 옮겨 표시해줍니다.

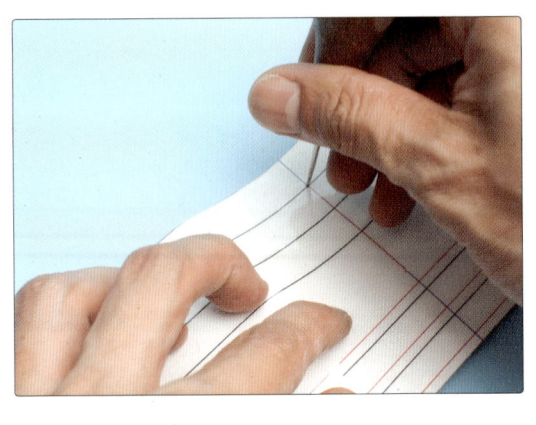
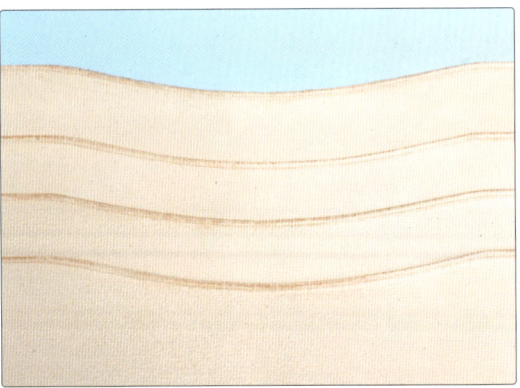
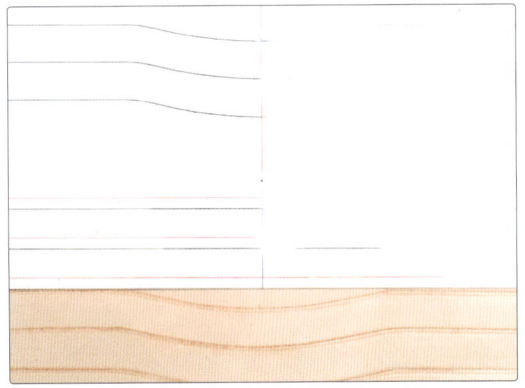

19 바느질 구멍을 뚫고, 바느질해줍니다.

20 접착되는 부분을 라운드 송곳으로 표시 후 디바이더로 선을 긋고 가죽칼로 가죽의 은면을 긁어냅니다.

21 사이비놀을 발라 롤러로 압착해줍니다.

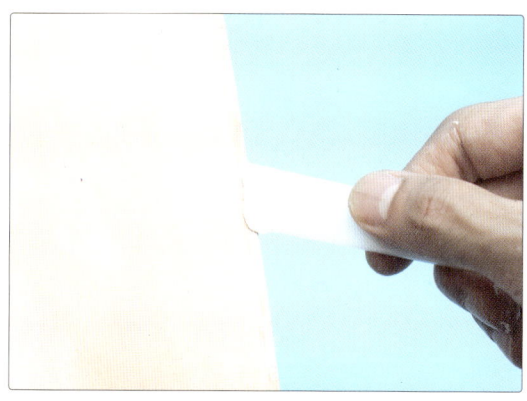 

22 접착면의 오차를 가죽칼과 엔티드렛서를 이용하여 다듬어줍니다.

23 디바이더 혹은 크리저로 바느질 선을 그어줍니다.

24 엣지베베러로 모서리를 깎아줍니다.

25 바느질 구멍을 뚫어줍니다.

층이 있는 부분은 찢어지지 않도록 주의합니다.

26 토코놀을 발라 슬리커로 문질러 마감합니다.

27 바느질합니다.

28 재단면에 색상을 원할 시에는 이리스 혹은 올리를 2~3회 발라 마감합니다.

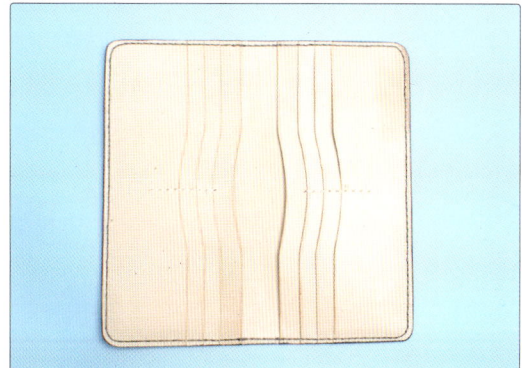

Hand sewing Leather Craft

원통 펜꽂이

사무실에서 가장 많이 사용하는 펜들을 보기 좋게 정리해주는 펜꽂이는 보통 사용하지 않는 컵으로 두기도 하는데요. 컵보다 깔끔하고 보기 좋은 가죽으로 된 펜꽂이를 만들어 보세요. 듬직한 가죽 원통 펜꽂이에 펜들을 담아 보관하세요.

가죽 경사피할, 입체적인 형태로 제작, 박스 스티치

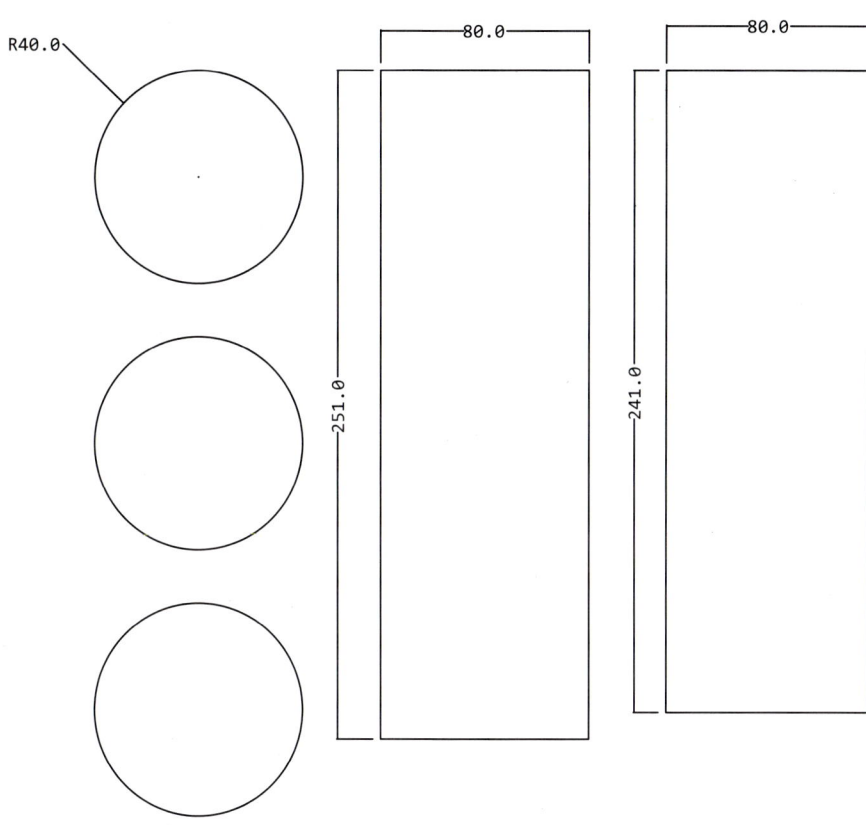

단위: mm

CHECK

공구

재료
가죽두께 1.5mm

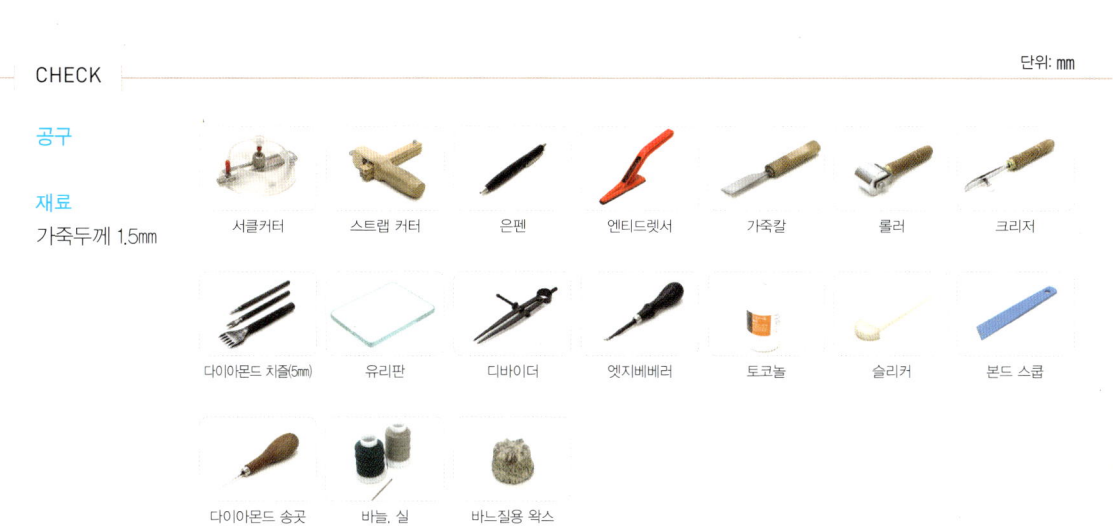

원통 펜꽂이 | 239

1 도안을 가죽에 옮기고, 재단합니다.

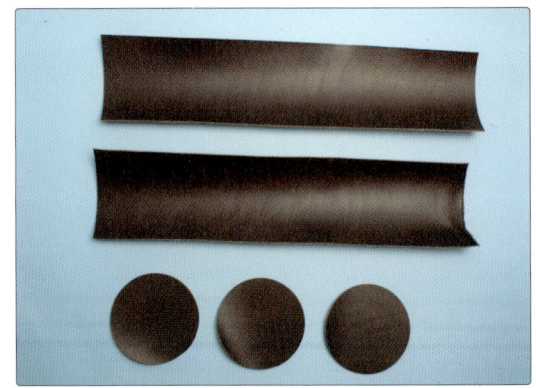

2 상면과 은면의 접착면의 털을 일으켜줍니다.

3 사이비놀을 발라 롤러로 압착합니다.

4 건조 후에 접착면의 오차를 가죽칼과 엔티드렛서로 다듬어 줍니다.

5 크리저 혹은 디바이더로 바느질 선을 표시하고 바느질 구멍을 뚫어줍니다(바느질 구멍은 자국만 내어줍니다).

6 옆면을 말아서 길이를 확인해줍니다(약 1㎝ 정도 길게 되도록 표시하고 재단해줍니다).

7 피할 부분을 표시합니다.

8 밑면의 두께만큼 디바이더로 측정하여 측면의 은면에 접착선을 긋고 가죽칼로 은면을 일으켜줍니다.

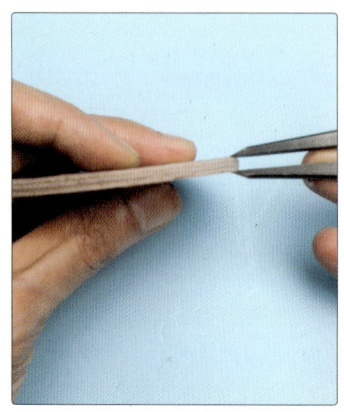

9 표시된 부분을 경사피할해줍니다.

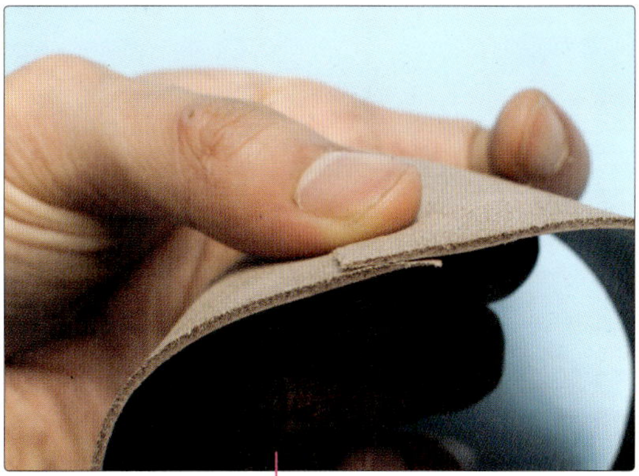

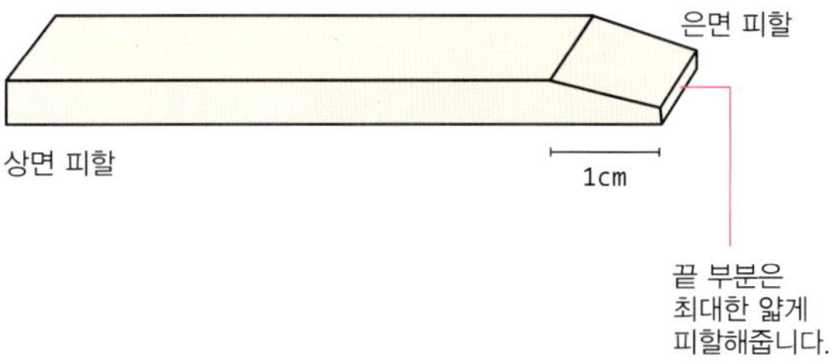

상면 피할   은면 피할   1cm

끝 부분은 최대한 얇게 피할해줍니다.

10 접착될 상면의 털을 일으켜줍니다.

11 경사피할한 부분에 사이비놀을 발라 압착합니다.

12 밑면과 옆면이 잘 맞는지 확인합니다.

13 앞과 동일한 방법으로 1㎝ 정도 남게 재단합니다.

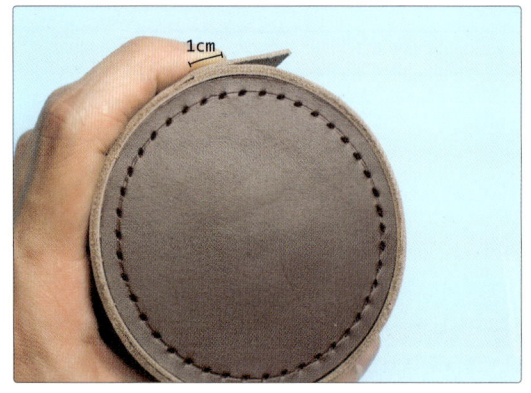

14 바느질 선과 피할 선을 그어줍니다.

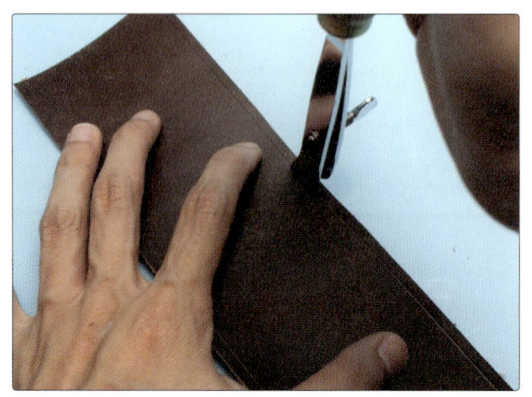

15 앞에서와 동일한 방법으로 경사피할해줍니다.

16
바느질 구멍을 뚫어줍니다. 피할된 부분이 겹쳐지므로 사진과 같이 피할 경계선 부분을 바느질 구멍이 반 정도씩 걸쳐지게 뚫어줍니다.

17
사이비놀을 발라 롤러로 압착해줍니다.

18
엣지베베러로 모서리를 깎아줍니다.

19
토코놀을 발라 슬리커로 마감합니다.

20 사포로 다듬은 후, 이리스(아크릴수지계 마감제)를 2~3회 발라 건조시킵니다.

21 사이비놀을 바른 후, 손으로 눌러 압착해줍니다.

22 다이아몬드 송곳을 이용하여 바느질 구멍을 뚫어줍니다.

* 밑면은 바느질 선의 원이 작고, 측면은 바느질 선의 원이 크므로 바느질 땀수가 더 많습니다. 처음에는 구멍에 맞게 가다가 점차적으로 늘거나 줄 수가 있어 같은 구멍에 2번 뚫어 갈 수도 있습니다.

23 다이아몬드 송곳으로 뚫어 놓은 바느질 구멍을 따라 바느질해줍니다.

Hand sewing Leather Craft

다이어리

가죽으로 만들어진 다이어리는 꾸준하게 사랑받는 아이템입니다. 여러 가지 가죽의 색으로 한층 분위기도 낼 수 있고, 또 고급스러운 브라운이나 검은색 가죽으로 질리지 않는 다이어리를 만들 수도 있습니다. 예쁜 가죽색을 선택해서 한 해를 담을 수 있는 다이어리를 만들어 간직해보세요.

POINT 각진 형태로 제작, 바인더 부착, 마그넷 부착, U그루버 사용.

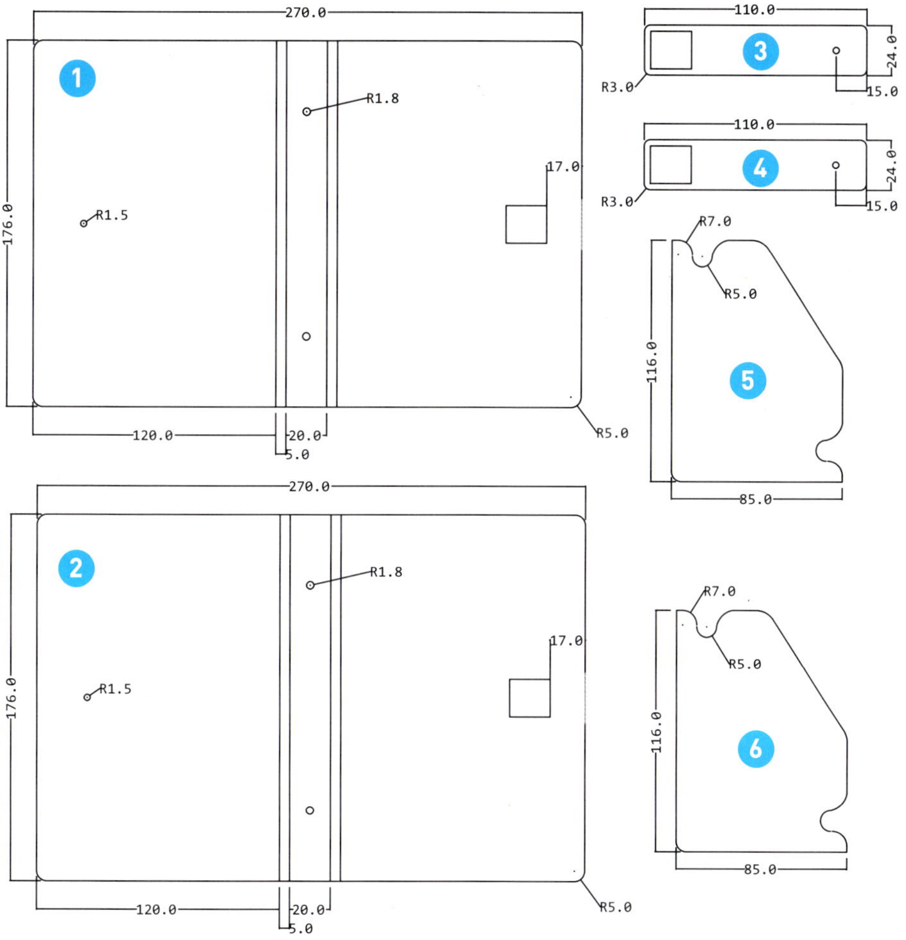
270.0
176.0
R1.5
R1.8
17.0
120.0
20.0
5.0
R5.0
1
2
110.0
24.0
15.0
R3.0
3
4
R7.0
R5.0
116.0
85.0
5
6

단위: mm

CHECK

공구

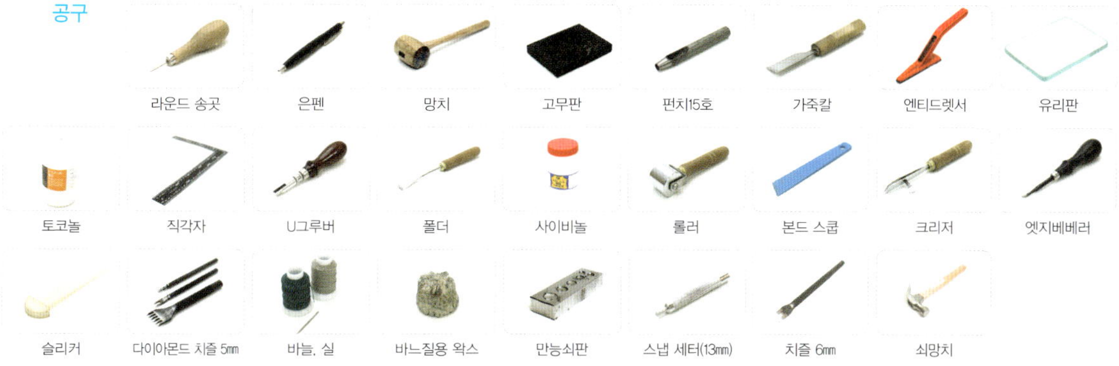
라운드 송곳
은펜
망치
고무판
펀치15호
가죽칼
엔티드렛서
유리판
토코놀
직각자
U그루버
폴더
사이비놀
롤러
본드 스쿱
크리저
엣지베베러
슬리커
다이아몬드 치즐 5mm
바늘, 실
바느질용 왁스
만능쇠판
스냅 세터(13mm)
치즐 6mm
쇠망치

재료 가죽두께 0.8mm, 1mm, 1.5mm, 2mm, 14mm 마그넷, 바인더 장식

1 도안을 가죽에 옮기고, 재단해줍니다(수납되는 부분의 라운드는 펀치로 구멍을 뚫어서 재단해주면 편리합니다).

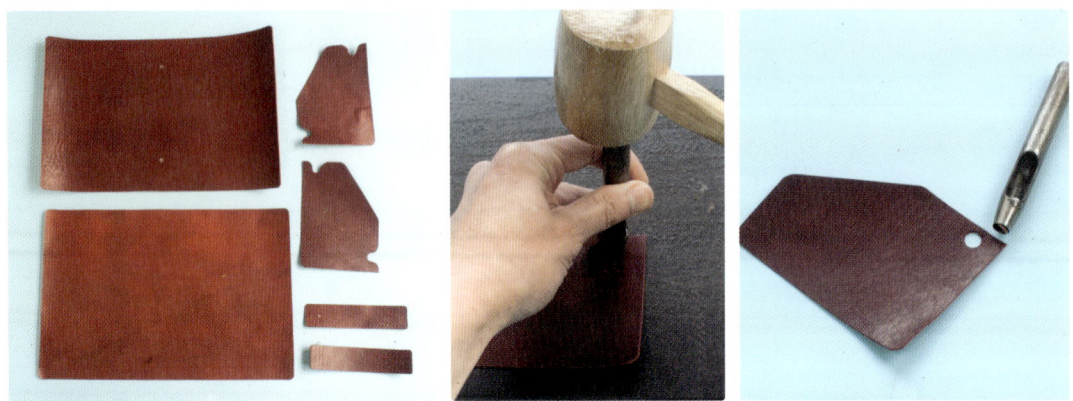

2 접착되는 부분의 ❶, ❷, ❸, ❹ 상면을 엔티드렛서로 털을 일으켜줍니다.

3 ❺, ❻을 토코놀을 발라 상면을 마감해줍니다.

4 다이어리를 직각의 형태로 제작하기 위해 은펜으로 홈을 팔 부분을 표시해준 후, 유그루버를 이용해 U자 홈을 파줍니다.

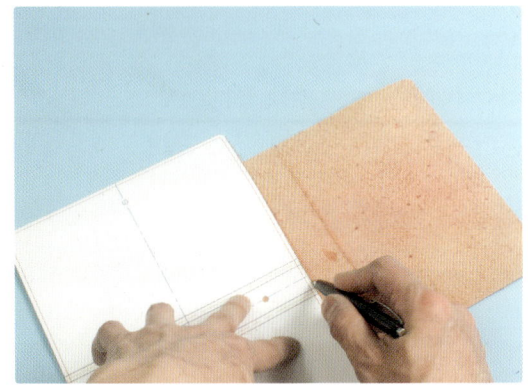

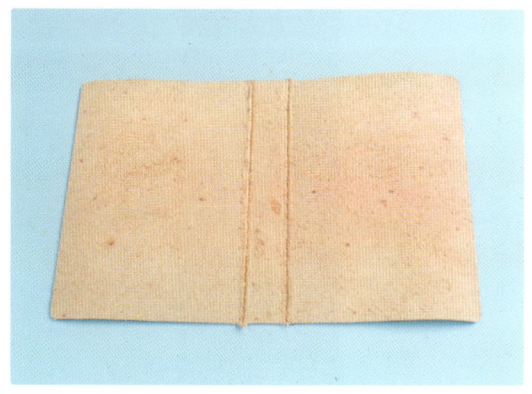 

5 마그넷을 부착하는 부분을 은펜으로 표시 후, 치즐 6mm로 구멍을 뚫어 주고, 마그넷을 끼워 놓고 폴더로 다리를 접은 후, 쇠망치로 다리를 가죽에 밀착되도록 쳐서 부착합니다.

다이어리 | 251

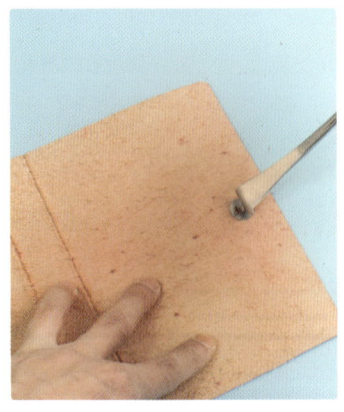 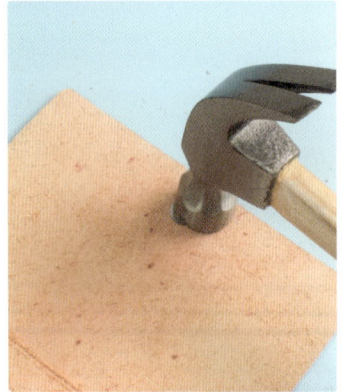 

6 사이비놀을 발라 롤러로 눌러 압착해서 접착해줍니다.

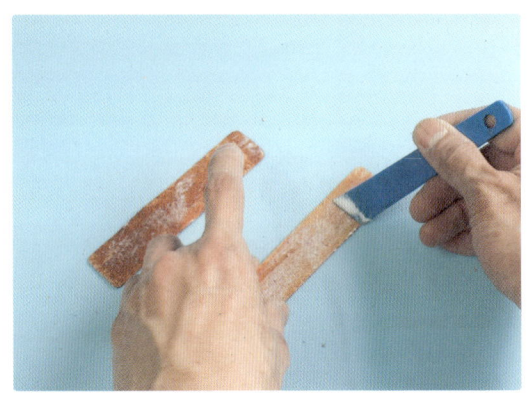 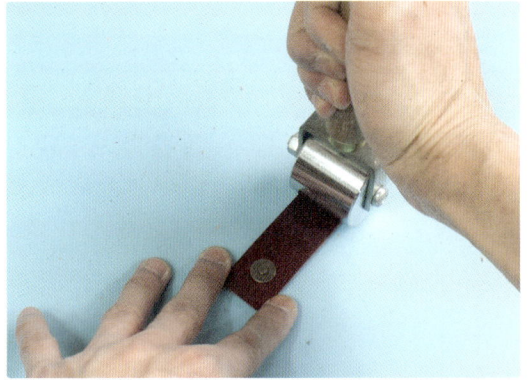

7 엔티드렛서로 재단면을 다듬고 크리저로 바느질 선을 그어줍니다. 재단면을 엣지베베러로 모서리를 깎고 토코놀을 발라 슬리커로 문질러 재단면을 마감해줍니다.

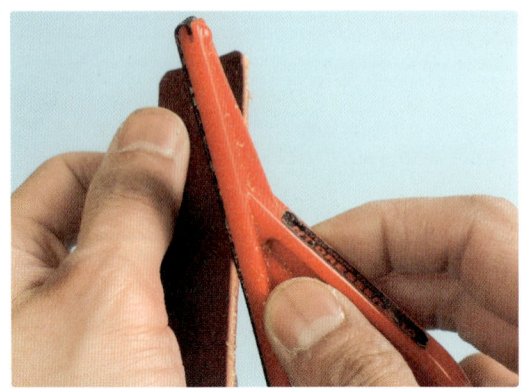 

8 바느질 구멍을 뚫어줍니다.

9 ❶ 본판에 연결되는 부분에 라운드 송곳으로 바느질 뚫을 위치를 표시해주고, 다이아몬드 치즐로 구멍을 뚫어줍니다.

10 스트랩 부분을 먼저 바느질해주고, ❶ 본판과 연결하여 같이 바느질해줍니다(안쪽면에 가죽이 접착되므로 실은 약간 여유를 두고 잘라줍니다).

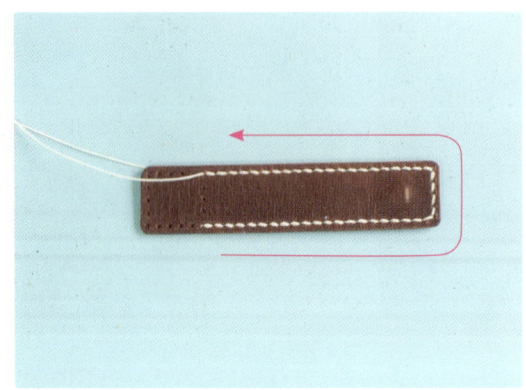
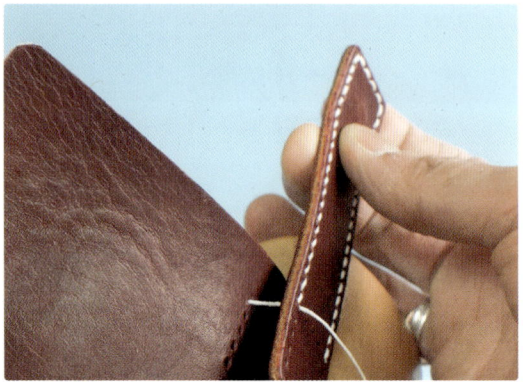
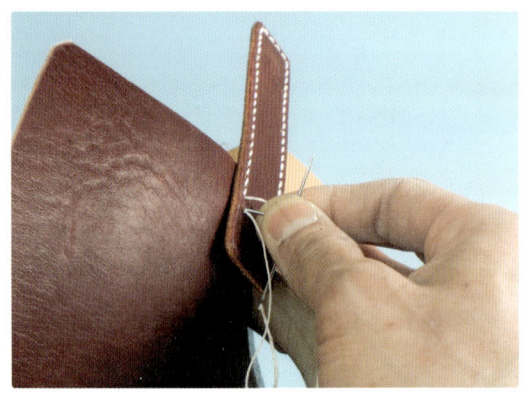

11 ❶, ❷에 사이비놀을 발라 양면을 접착해서 롤러로 압착하고, 슬리커로 홈 부분을 눌러 접착해줍니다.

12 접착면의 오차를 깎아내고, 엔티드렛서로 다듬어줍니다.

13 수납되는 부분의 접착을 위해 라운드 송곳으로 접착할 부분을 표시하고, 크리저로 상면털 일으킬 부분을 표시하고 엔티드렛서로 털을 일으켜줍니다.

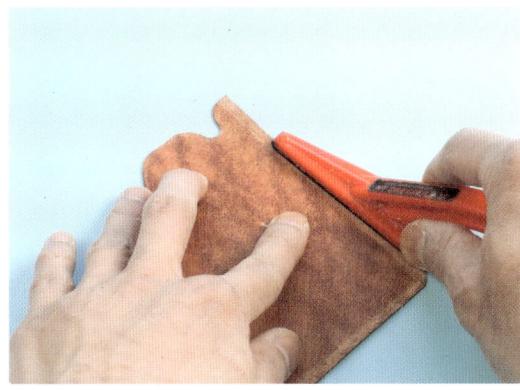

다이어리 | 255

14 사이비놀을 발라 롤러로 압착해서 접착해줍니다.

15 접착면의 오차를 다듬어 주고, 바느질 선을 그어줍니다.

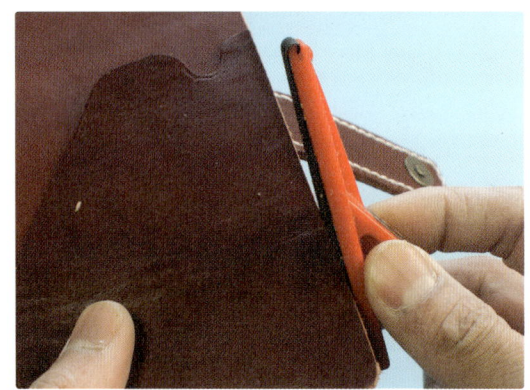
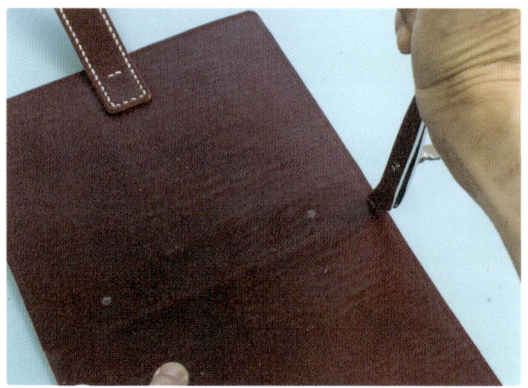

16 바느질 구멍을 뚫어줍니다(수납 공간이 부착된 부분의 바느질 구멍을 신경써서 뚫어줍니다).

17 엣지베베러로 모서리를 깎아주고, 토코놀을 발라 슬리커로 문질러 마감해줍니다.

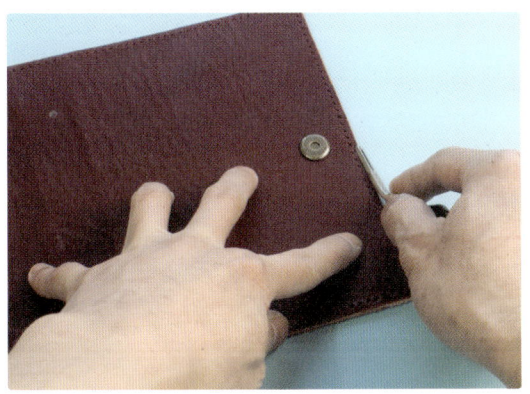 

18 바느질해줍니다.

19 바인더가 부착될 부분의 구멍을 펀치 15호로 뚫어줍니다.

20 바인더에 만능쇠판을 깔고, 15mm 스냅 세트로 쳐서 부착해줍니다.

Hand sewing Leather Craft

가방

가죽공예에서 수작업 시간과 공이 가장 많이 들어가는 가방은 만드는 과정도 길고 복잡합니다. 하지만 앞에서 여러 가지 작품을 만들어 보았다면 크게 어렵지 않을거에요. 여유를 두고 따라해 보세요.

POINT 가죽 경사피할, 스트랩 제작, 디링 부착, 스티칭 그루버 사용, 잠금 장식 부착, 박스 스티치

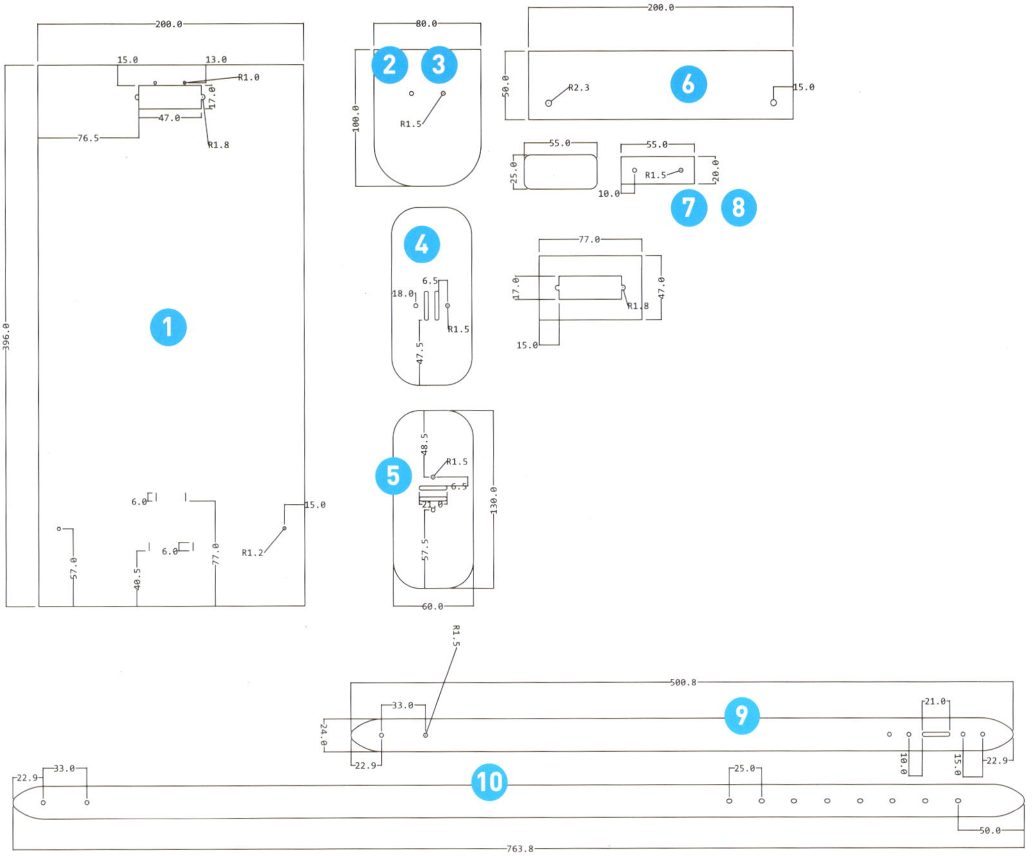

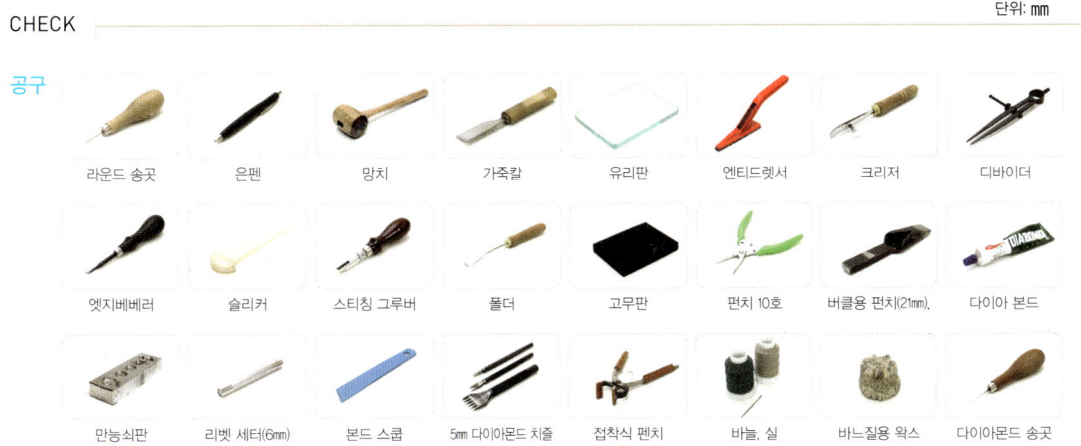

단위: mm

CHECK

공구

라운드 송곳 / 은펜 / 망치 / 가죽칼 / 유리판 / 엔티드렛서 / 크리저 / 디바이더

엣지베베러 / 슬리커 / 스티칭 그루버 / 폴더 / 고무판 / 펀치 10호 / 버클용 펀치(21mm), / 다이아 본드

만능쇠판 / 리벳 세터(6mm) / 본드 스쿱 / 5mm 다이아몬드 치즐 / 접착식 펜치 / 바늘, 실 / 바느질용 왁스 / 다이아몬드 송곳

재료 가죽두께 1mm, 2~2.5mm, 버클, 잠금 장식 혹은 와이어 스냅 2개, 6mm 리벳 10개, 스트랩 걸이, 후크 2개, 디링 2개

1 도안을 가죽에 옮기고 재단을 합니다.

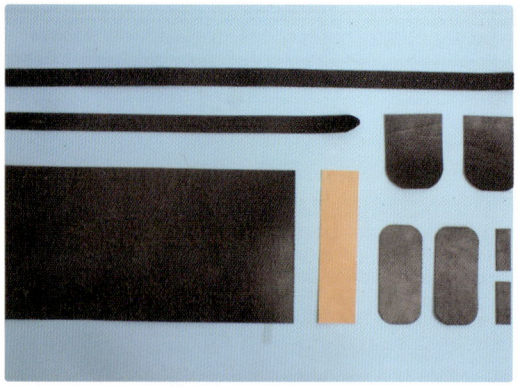

2 상면에 토코놀을 발라 유리판으로 문질러 마감합니다.

| TIP |
도안을 옮기고 재단 전에 상면을 먼저 마감하면 토코놀이 상면에 묻어 나는 것을 방지할 수 있어 편합니다.

3 접착이 들어가지 않는 재단면은 미리 마감을 하기 위해 사포로 다듬어줍니다.

4 장식선을 그어줍니다.

 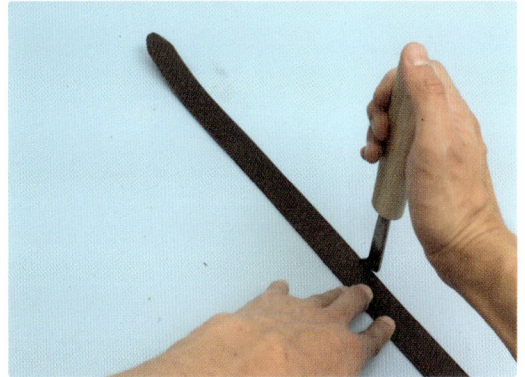

5 ❷에 접착이 들어가는 부분을 디바이더로 표시하고 사포로 털을 일으켜줍니다.

 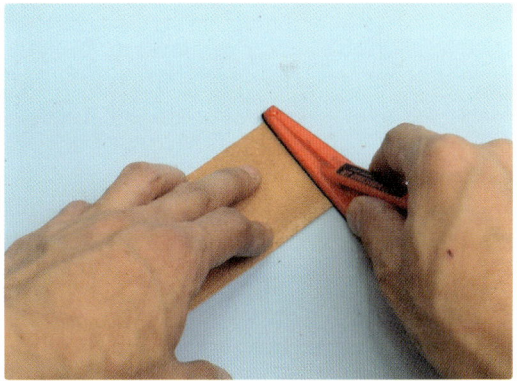

6 3번에서 사포로 다듬은 부분을 엣지베베러로 모서리를 다듬고 토코놀을 발라 슬리커로 문질러 마감해줍니다.

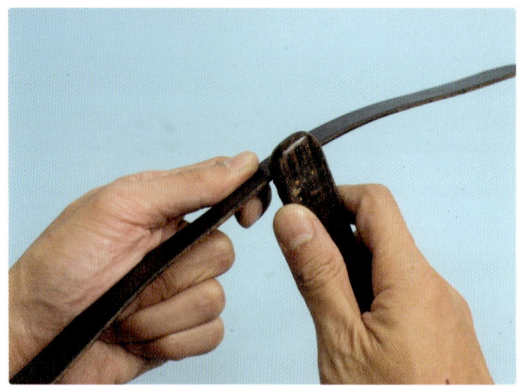

7 ❷, ❸의 은면에는 바느질 선을 스티칭 그루버를 이용하여 홈을 파고, 상면에는 피할선을 디바이더로 표시합니다(바느질 선 4~5mm 간격, 피할선 8~9mm 간격).

8 7번에서 상면에 표시선을 따라 유리판을 받치고, 가죽칼을 이용하여 경사피할합니다.

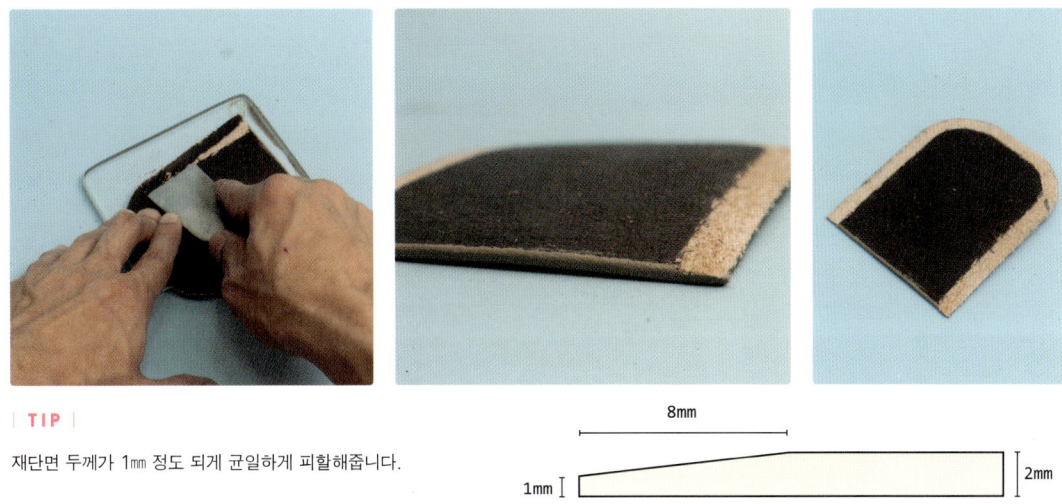

| TIP |

재단면 두께가 1mm 정도 되게 균일하게 피할해줍니다.

9 ❼, ❽의 피할할 부분을 디바이더로 표시하고(재단면에서 1.5cm) 유리판을 받치고 경사피할해줍니다.

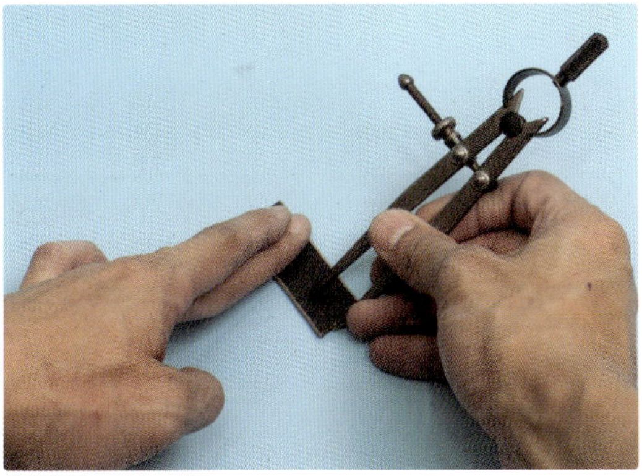

| TIP |

재단면이 0.5mm 정도 되게 최대한 얇게 피할해줍니다.

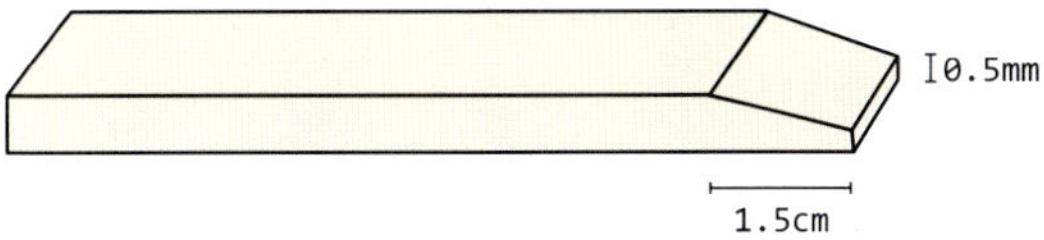

10 피할한 부분을 물을 흡수시켜 손으로 접어서 간단히 모양을 잡고 본폴더를 이용하여 바느질 선을 따라 눌러 직각이 되도록 형태를 잡아줍니다.

  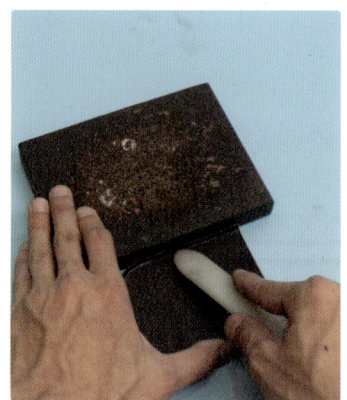

11 스트랩이 통과되는 부분은 버클용 펀치를 이용하여 구멍을 뚫고, 리벳이 부착되는 위치는 펀치 10호로 구멍을 뚫어줍니다.

12 ❼. ❽에 디링을 끼고, 버클용 펀치로 구멍 뚫은 부분에 끼워준 후 접착할 위치를 은펜으로 표시해줍니다.

13 12번에서 표시된 부분에 다이아 본드를 바르고 압착해서 접착해줍니다.

14 접착한 부분을 다시 한번 펀치 10호로 구멍을 뚫고 ❸, ❹,(❺, ❻)와 함께 6mm 싱글 리벳을 부착해서 고정해줍니다.

15 바느질 선을 디바이더로 표시해주고, 다이아몬드 치즐로 구멍을 뚫어줍니다.

16 바느질해줍니다.

17 피할한 부분을 다시 한번 토코놀로 마감해주고 접착되는 부분은 엔티드렛서로 털을 일으켜줍니다.

18 17에서 완성된 측면과 ❶에 접착되는 부분을 확인하고 은펜으로 표시해줍니다(양면테이프를 이용하여 임시고정하여 부착하면 편리합니다).

19 ❶, ❷에 와이어 스냅이 부착되는 부분에 펀치 8호와 15호로 구멍을 뚫어줍니다(❶은 밑이 들어가므로 8호, ❷는 머리가 들어가므로 펀치 15호로).

20 10mm 와이어 스냅을 부착합니다.

21 접착할 부분을 라운드 송곳과 디바이더로 표시한 후, 엔티드렛서로 털을 일으켜줍니다.

22 21번에서 표시한 접착할 부분에 사이비놀을 바르고 롤러로 압착하여 접착해줍니다.

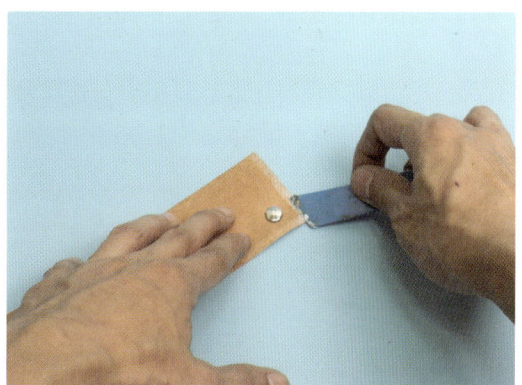

23 접착면의 오차를 가죽칼로 깎고 엔티드렛서로 다듬어줍니다.

24 ❶을 스티칭 그루버로 바느질 선을 그어줍니다.

25 19번에서 은펜으로 표시한 부분을 기준으로 바느질 구멍을 뚫어줍니다.

26 19번에서 표시한 접착할 부분을 엔티드렛서로 털을 일으켜줍니다.

27 27번에서 털을 일으킨 부분에 슈퍼크래프트 본드를 바르고 건조 후, 접착용 펜치로 압착해줍니다.

28 25번에서 뚫어 놓은 바느질 구멍을 따라 다이아몬드 송곳으로 구멍을 뚫어줍니다.

29 바느질해줍니다.

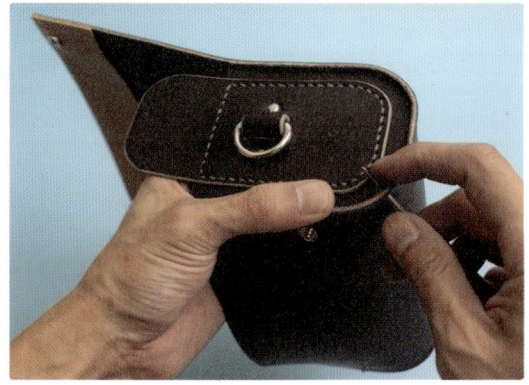

30 접착면의 오차를 가죽칼로 깎고, 엔티드렛서로 다듬어줍니다.

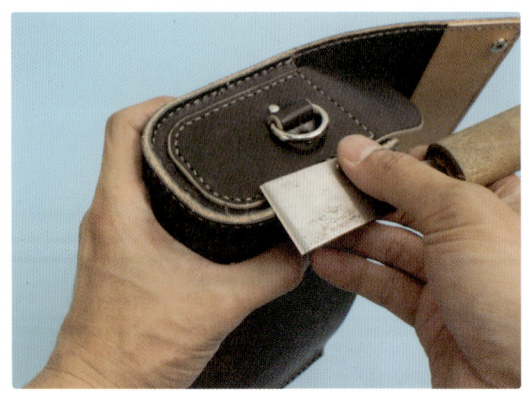 

31 엣지베베러로 모서리를 다듬고, 토코놀을 발라 슬리커로 문질러 마감해줍니다.

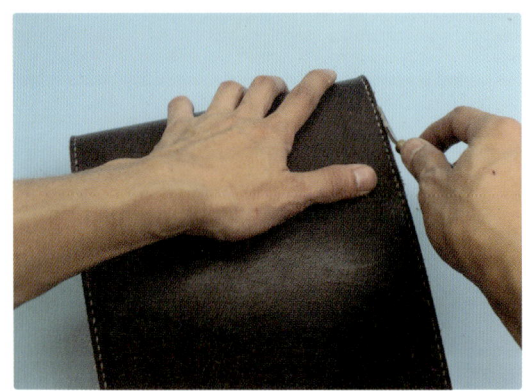 

32 후크를 끼고 리벳을 부착한 후, 버클과 버클걸이를 끼우고 리벳으로 고정해줍니다.